光明社科文库
GUANGMING DAILY PRESS:
A SOCIAL SCIENCE SERIES

· 经济与管理书系 ·

品牌信仰
——构建强势品牌的营销新论

王世龙 | 著

光明日报出版社

图书在版编目（CIP）数据

品牌信仰：构建强势品牌的营销新论 / 王世龙著.　--北京：光明日报出版社，2022.10
ISBN 978-7-5194-6847-7

Ⅰ.①品… Ⅱ.①王… Ⅲ.①品牌营销 Ⅳ.①F713.3

中国版本图书馆 CIP 数据核字（2022）第 190624 号

品牌信仰：构建强势品牌的营销新论
PINPAI XINYANG: GOUJIAN QIANGSHI PINPAI DE YINGXIAO XINLUN

著　　者：王世龙	
责任编辑：刘兴华	责任校对：阮书平
封面设计：中联华文	责任印制：曹　净

出版发行：光明日报出版社
地　　址：北京市西城区永安路 106 号，100050
电　　话：010-63169890（咨询），010-63131930（邮购）
传　　真：010-63131930
网　　址：http://book.gmw.cn
E - mail：gmrbcbs@gmw.cn
法律顾问：北京市兰台律师事务所龚柳方律师
印　　刷：三河市华东印刷有限公司
装　　订：三河市华东印刷有限公司
本书如有破损、缺页、装订错误，请与本社联系调换，电话：010-63131930

开　　本：170mm×240mm	
字　　数：220 千字	印　　张：10.5
版　　次：2023 年 4 月第 1 版	印　　次：2023 年 4 月第 1 次印刷
书　　号：ISBN 978-7-5194-6847-7	
定　　价：85.00 元	

版权所有　　翻印必究

序一

我与世龙师生相称，且都在大学教书，其实可谓同僚。世龙近几年事业精进，成绩斐然。如今要出新著，请我写序，自然义不容辞。

在我们的行业中，许多人从最开始做平面设计师，最终成为品牌策划营销专家，这似乎是一条必经之路。也正好与中国改革开放以来广告业的路径相近。传统的品牌营销是基于工商科的业内营销体系，随着中国产业经济发展进入到广告传媒阶段，催生了广告行业和广告教育，吸引了各路原本专业背景不同的人，新闻传播、艺术设计、影视艺术等人才"加盟"到品牌营销的行业中，称之为广告营销。

他山之石，可以攻玉。从拿来主义到自主创新，品牌强国已经成为国家层面的策略，品牌价值是中国企业家追求的终极目标。品牌的值是无限的。

如何建构中国的强势品牌营销是每一个有志于此的学者应该思考的问题，本书的作者就是践行者之一。理论联系实际，与品牌一起成长。学以致用，产学一体，是我们这个行业的特点。本书的出版便是作者从业多年的社会实践和学术研究中的成果。在全球化经济发展中，旧有的传播手段和品牌营销模式发生了巨大的变革，必然产生迭代与更新。年轻的作者尝试在学术著作中总结自己的实战经验，建构自己的品牌营销方法论。耕耘写作，难能可贵。

　　作者依靠设计专业的背景知识，将复杂的品牌营销理论模块化，碎片化的知识系统化、可视化。图文并茂，颇具创新。以品牌信仰、核心价值、终身客户价值、客户体验这些关键词为核心构成了一个视觉公式。聚集观念，发散思维。形象生动，使人耳目一新。这种方法论便是作者这篇专著的价值所在，也体现了作者的学术自信。

　　当前，发端于全民的新媒体传播向传统的品牌营销理论与行业提出了前所未有的挑战。过去那种大而无当、口说无凭的品牌传播策略已经过时，广告人也不再是锦上添花的吹鼓手。深入了解企业产品业态，研究品牌营销的科学规律，是当下学者和广告人的责任。讲好中国品牌故事，建构强势品牌的营销理论创新，意义重大，上至国计，下及民生。

　　中国品牌与营销最终强势而立，在于品牌的文化建设。唯有文化，才能"文而化之"，深入人心。正如作者在书中始终坚持的品牌建构理念，信仰、价值与恒久。

中国传媒大学广告学院传播设计系主任、教授肖虎

2022 年 4 月

序二

　　数字媒体、移动网络的出现，仿佛一夜间彻底改变了品牌创建的模式与进程。当人们都在急于尝试新媒介、新手段的同时，世龙兄却以一种冷静独到的视角，开始了一场对品牌背后本质与核心价值的重新思考与探寻。

　　通过对宝马等品牌案例的翔实分析与多年的品牌实践，作者在《品牌信仰》这本书中深入地剖析了品牌构建中的关键与重点。同时，也向我们展示了一个全新的品牌理论——品牌信仰。在这一理论下，品牌营销的终极目的不仅是美誉度、认知度、忠诚度的建立，而且是将品牌核心价值深植于消费者的心中，缔造出强大的品牌信仰，让消费者成为品牌的"终身顾客"，从而实现品牌资产快速积累和持久增值。

　　作为一贯在品牌创建领域积极寻求突破的倡导者，作者不仅对品牌发展的问题和前景有着深入多维的洞察力，更为难得的是，在这个躁动与多变的时代，他总能静下心来深入到品牌构建的每个环节中，以理性睿智的思考将人们对品牌模糊的认知转化成有效可行的理论方法。在《品牌信仰》一书中，作者创造性地向人们阐述了缔造"品牌信仰"的六大法则，在增进人们对品牌信仰理论认知的同时，也为我们现实操作给予了切实高效的指导。

最后我想对世龙兄——这位我认识多年的朋友说的是：你完成了一项艰难的工作，而且做得非常出色。相信无论是企业的品牌主管、市场营销人员、还是广告公司的从业者都会喜欢这本书，并能从中得到超过他们想象的收获。

北京壹捌零数字营销公司总裁/

Cannes Lions 戛纳国际创意节评委雷少东

2022 年 3 月

序三

这本书，是我第5次创业路上的一场及时雨。

年初开始，又一次创业，此时正处于启动阶段，我没有对外主动宣告，加之近两年大家少了很多见面沟通的机会，朋友们都还不知道我事业方向的变化——又一次从乙方变成甲方，带着兄弟，打磨出一款自带蒸汽加热功能的黄酒，雄心勃勃地开始了新征程，誓要扭转中国黄酒行业持续低迷的态势。

巧的是，核心团队近期讨论的比较频繁的话题，就是如何让用户像追随华为、李宁、海底捞一样，持久而深刻地钟情于我们，而有些关键话题，争论颇多，尚未达成内部共识。

恰逢世龙兄错爱，嘱我为新书写几句读后感，我看到书名，便如获至宝，一头扎了进去。一口气读完，连连在心头点赞，很多精辟独到的观点给了我极大的启发，难能可贵的是，书中不仅从理论层面深入浅出地归纳出品牌信仰的六大要素，更为重要的是，这完全提供了一个即插即用的工具，在我通读完之后，回过头来，按部就班，沿着书中方法论的指引，按图索骥地梳理我自己的品牌，很多搁置议题的答案，渐渐浮现出来，简单回顾如下：

B：Brand 品牌。消费者，核心价值，产品。

这款能自加热的蒸汽黄酒，是为什么样的消费者而生的？谁会成为最核心的种子用户？种子用户会带动什么样的消费者形成规模效应？

为消费者解决了什么问题？是别人无法解决的吗？消费者非我不可吗？对他而言，除了物理方面的功能，我无可替代的核心价值是什么？

这个产品，乃至这个品牌，有什么必须存在于世的意义吗？

E：Emotion 情感。品牌个性，品牌关系，心理需求。

品牌有个性吗？品牌名称反映了个性吗？个性因何而来？如何描述？如何表达？如何被消费者理解？

品牌个性与消费者的个性有什么关系？品牌与消费者又是什么关系？关系的核心是因何而联结的？

消费者有理性与感性，有喜怒哀乐，有七情六欲，我的品牌是从何种心理需求与核心用户建立关系的？

L：Lifetime 终身。数据库，关系力，忠诚度。

从终身用户的视角出发，该如何建立用户数据库？如何让用户数据成为品牌最核心的资产？如何利用数据与用户建立持久乃至终身的联结关系？

品牌与用户的关系，强度如何？从什么维度去评判及管理用户关系力？

品牌的生命周期，是由忠诚用户的生命周期累积而成的，我是始终从终身用户的立场去审视用户的忠诚度与生命周期吗？我如何面对人类喜新厌旧的天性？

I：Identity 识别。视觉识别，精神识别，管理识别。

我有自己的视觉特点吗？我能让人在任何环境里，只要远远一瞥，就能把我的品牌认出来吗？

我的视觉符号体现了品牌的意义吗？这个意义有个性、价值观的联想吗？能让人想到品牌的独特主张吗？

至于"管理识别"，我理解有限，就此略过，请读者朋友见谅。

E：Experience 体验。功能感受，情感体验，价值实现。

体验即价值，我的产品功能，是围绕解决问题去设计的吗？最核心的体验是什么样的？能带给用户惊喜或者体验峰值吗？有调动用户的综合感官去体验吗？

用户的情感有在体验过程中被调动吗？那是什么类型的情感？是符合品牌关系的吗？能加强用户的忠诚度吗？

从理性的功能到感性的情感，是如何虚实结合的？如何体现品牌的个性与核心价值？

F：Faith 信仰。代言人，品牌精神，总裁形象。

代言人反映着品牌的基本价值观，换句话说，我们用什么样的代言人，就意味着我们是什么样的品牌，我们该从什么样的维度去审核代言人的运用呢？我们的代言人是最恰当的吗？真的反映品牌精神吗？

有个疑问待解：满大街的明星代言人，真正反映品牌精神的，占比能有多少呢？如果代言人并没有从品牌精神的角度为用户信仰加分，他们为品牌增长发挥了作用吗？没有吗？有吗？

至于总裁形象，恰当地运用，一定是能够为品牌加持的，书中的案例以及身边众多成功品牌都充分说明了这一点，同时我们也看到一些品牌，领导人具体是谁，大多消费者不一定说得出来，但也并不妨碍品牌一直被用户崇拜。

以上是我的狗尾续貂之词，实是因为受益良多，同时也提出了自己的几点困惑与思考，算是与世龙兄及阅及此篇的朋友，做个隔空对话吧。

从2010年南昌广告节与世龙兄结识至今，一起数次作为广告赛事的评委，我们有过很多次的思想交换，世龙兄的专研不辍，有目共睹，他取得的成绩是我所羡慕而又无法企及的，尤其此时，面对这样一本沉甸甸的专业著作，简直有一种想据为己有的冲动。

敬告有缘的读者，尤其在品牌建设方面有着高远目标的践行者，这是一本值得精读的好书，衷心祝您有着比我更大的收获。

虚实之道营销咨询公司董事长/四分半蒸汽黄酒创始人尹云从

2022年5月4日

专家推荐语

从本书的营销理论、创意趋势与品牌案例中，我看到了睿智的思考、专业的价值和品牌信仰的力量，我把《品牌信仰》推荐给所有认同专业价值的人。

——中国传媒大学教授、博导/国家广告研究院院长丁俊杰

品牌即信仰，作者在本书中前瞻性和创造性地提出了"品牌信仰"营销传播方法论，颇具新意，实践价值高。

——首都经济贸易大学广告研究所所长、教授/
中国广告协会学术委员会副主任杨同庆

世龙教授是国内广告行业"学院实战派"的杰出代表，有着丰富的营销实战与品牌研究经验，《品牌信仰：构建强势品牌的营销新论》，是一本极具创新思维的营销著作，理论与实战结合，无论是企业管理者、市场营销者、广告从业者，都值得一读。

——IAI传鉴国际广告奖执行主席刘广飞

王世龙是我颇为得意的爱徒，多年来从事相关品牌研究与学术践行，丰富的学养使他成为国内广告与传播业界博学多能的青年专家。所著《品牌信仰：构建强势品牌的营销新论》一书，从消费者入手，借助信仰的精神介质，重新阐释了品牌的构建，并驰骋数字时代的传播与当下创意案例结合，夯实了品牌信仰营销新论。全书观点前沿、立意新颖，所呈现的是作者长期实践的营销智慧与专业视野，值得学习借鉴。

——甘肃省美术家协会设计艺委会主任/兰州设计师协会副会长

兰州财经大学艺术设计系主任、教授韩永林

2022年5月

自序：缔造品牌信仰，构建强势品牌

近期，英国品牌评估咨询公司"品牌金融"公布"2022年全球品牌价值500强"榜单，苹果以3550亿美元的品牌估值，蝉联"全球最具价值品牌"。中国工商银行以751亿美元品牌价值位居第七，华为排序第八。排名前十的名单中，美国占据7席。一方面，我们看到中国品牌的崛起与发展，另一方面我们也深刻认识到：中国品牌与全球领先品牌之间依然存在着巨大差距。

打造强势品牌成为企业持久占领市场的重要手段。从企业到个人，从区域到国家，日趋重视品牌建设。5月10日"中国品牌日"的设立，从国家层面助推中国品牌建设，讲好中国故事。从过去的大众传媒时代，到现在的数字智能时代，VR、AR、AI、元宇宙等新技术的应用，两微一抖一B站、小红书等社会化媒体迅猛发展，各种社会圈层传播，营销经历着前所未有的变革，也诞生了诸多经典的品牌营销理论和工具。在过去的20年品牌营销的研究与实践中，我时常思考一些问题：新媒体、新技术是否会颠覆品牌营销行业？品牌营销的终极使命是什么？是产品的销售，还是品牌知名度、美誉度、认知度和忠诚度的建立？强势品牌究竟具有什么样的魔力？如何构建强势品牌？

品牌营销是消费者心智认知资源的抢占。10多年前，是长期思考，抑或是灵光乍现，"品牌"与"信仰"闪现于脑海，品牌如人，有自己的三观和精神追求，吸引着顾客和粉丝，强势品牌的顾客，对待品牌如同宗教般虔诚和崇拜，长期消费其产品，甚至作为"终身顾客"。基于消费者视角和心理学层面的"品牌信仰"理念由此产生，由品牌、情感、终身、识别、体验与信仰六个关键要素构成，品牌营销的终极使命，是将企业的品牌核心价值深植于消费者心中，缔造出强大的品牌信仰，进而构建强势品牌。

　　"品牌信仰"理念，与后来偶然翻阅到马斯洛先生晚年在心理需求五大层次理论基础上，新增认知、审美需求和超越需求中的"超越需求"（自我超越者的精神生活需要）观点不谋而合，实属巧合。哲学角度，人是由物质和精神结合而成的，品牌则满足了人们的精神追求。诚然，十年来不断探索和修正，不敢妄称"品牌信仰"为营销理论，权当一种营销理念和方法论，抛砖引玉。由于作者水平有限，书中定有许多不妥之处，望读者朋友们多多指教。

王世龙
2022年5月于大连

目 录
CONTENTS

第一章 品牌信仰：构建强势品牌的六大关键步骤 …………………… 1
    第一节　什么是品牌信仰（Brand Belief） ………………………… 1
    第二节　以品牌的核心价值演绎品牌精髓…………………………… 3
    第三节　以情感缔造品牌个性，建立持久、值得信赖的品牌
            关系…………………………………………………………… 5
    第四节　注重"终身顾客价值"的运用和培育 …………………… 6
    第五节　以独特的品牌识别创建品牌联想…………………………… 8
    第六节　为消费者提供独特的品牌体验……………………………… 11
    第七节　在消费者心中缔造品牌的精神信仰………………………… 12
    第八节　元气森林：引爆圈层传播，构建品牌信仰………………… 16

第二章 数字时代的品牌传播趋势与观点 ……………………………… 20
    第一节　品牌故事营销的思路与方式………………………………… 20
    第二节　CDP：打通企业数据孤岛，赋能全链路营销 …………… 28

1

第三节　Z世代品牌如何和"后浪"玩在一起？
　　　　——B站品牌营销策略研究 …………………… 34
第四节　移动互联网时代背景下的短视频广告初探 ……… 44
第五节　宝马品牌传播的本土化策略分析 ………………… 52

第三章　广告创意趋势解析 …………………………………… 62

第一节　奖项折射出行业的未来之光
　　　　——长城奖、黄河奖创意趋势解读 ……………… 62
第二节　奖项记录营销变革，创意鉴证中国广告
　　　　——第21届IAI传鉴国际广告奖创意趋势解析 …… 72
第三节　突发公共卫生事件中公益广告叙事策略研究
　　　　——以CCTV新冠肺炎疫情防控公益广告为例 …… 82
第四节　情景交融，虚实结合
　　　　——广告传播中的环境媒体创意 ………………… 98
第五节　视觉之巅，幻觉之美
　　　　——浅析"视错觉"艺术的图形设计语言 ……… 109
第六节　平面之上，创意之外
　　　　——平面广告设计中的"视错觉"艺术 ……… 118

第四章　品牌营销与传播案例

　　　　——老虎滩：神奇和欢乐海洋 ………………… **128**

后　记 ……………………………………………………………… 150

第一章

品牌信仰：构建强势品牌的六大关键步骤

品牌是企业重要的无形资产，也是企业营销战略的核心。随着营销环境的复杂多变，产品同质、形象类似、营销雷同的现象屡见不鲜，打造品牌则成为企业营销战略的不二法则，也是企业形成市场区隔的重要手段。产品、技术容易被对手模仿，而品牌具有很强的专有性和不可替代性，是企业最宝贵、最具价值的无形资产。品牌的价值不仅在于市场和企业，更在于消费者的认同和绝对忠诚。品牌营销的终极目标不只是产品的销售，也不仅是知名度、美誉度、认知度、忠诚度的建立，而是将企业的品牌核心价值深植于消费者心中，缔造出强大的品牌信仰，让消费者成为品牌的"终身顾客"，从而构建强势品牌，最终实现品牌资产的快速累积和持久增值。

第一节 什么是品牌信仰（Brand Belief）

信仰，顾名思义，即相信和敬仰，指人们对某种思想、宗教、追求、人物或事物的信奉和敬仰，甚至作为自己的榜样、精神动力和行动指南。信仰，和一般意义上的信念有所不同，它是人们长期坚持和必须捍卫的根本信念。信仰，是人生日常关切最有深度的方面。通常，信仰的对象，也就是崇拜的对象。人类经验认知的万事万物是有限的，这些事物很难成为信仰的对象。信仰是为了超越，唯有超越现实的无限，才能真正弥补人自身的局限。

社会性需要分为两大类：社会性消费需要和社会性生产需要。其中，社会性消费需要细分为人尊类需求和自尊类需要。社会性生产需要分为三类：社会分工需要，如经济需要；社会管理需要，如政治需要；社会意识需要，如文化需要、宗教信仰需要。

信仰是一种精神追求，属于精神性需要，也是一种社会性需要，是人类精神需求的最高层级和最高境界。信仰一旦形成，就会产生非常强大的力量，影响我们的思想、言行和价值判断。

笔者认为：所谓品牌信仰，是品牌追随者对某一特定品牌或其主张的极度热爱、相信和敬仰，是一种精神层面的体现，甚至作为人生价值的追求，本质上是对该品牌绝对忠诚的一种知觉和情感。品牌信仰是品牌价值体系的最高点，是品牌建设的终极使命。

品牌信仰（Brand Belief）包含六大要素：品牌（Brand）、情感（Emotion）、终身（Lifetime）、识别（Identity）、体验（Experience）、信仰（Faith）。六个单词的首字母组合构成"Belief"（具体如图1）。

$$B_{rand}\ E_{motion}\ L_{ifetime}\ I_{dentity}\ E_{xperience}\ F_{aith} = Belief$$

图1　品牌信仰构成要素

缔造品牌信仰的六大关键步骤是以品牌信仰六大要素为基础展开的立体化、全方位的营销传播活动（具体模型如图2）。

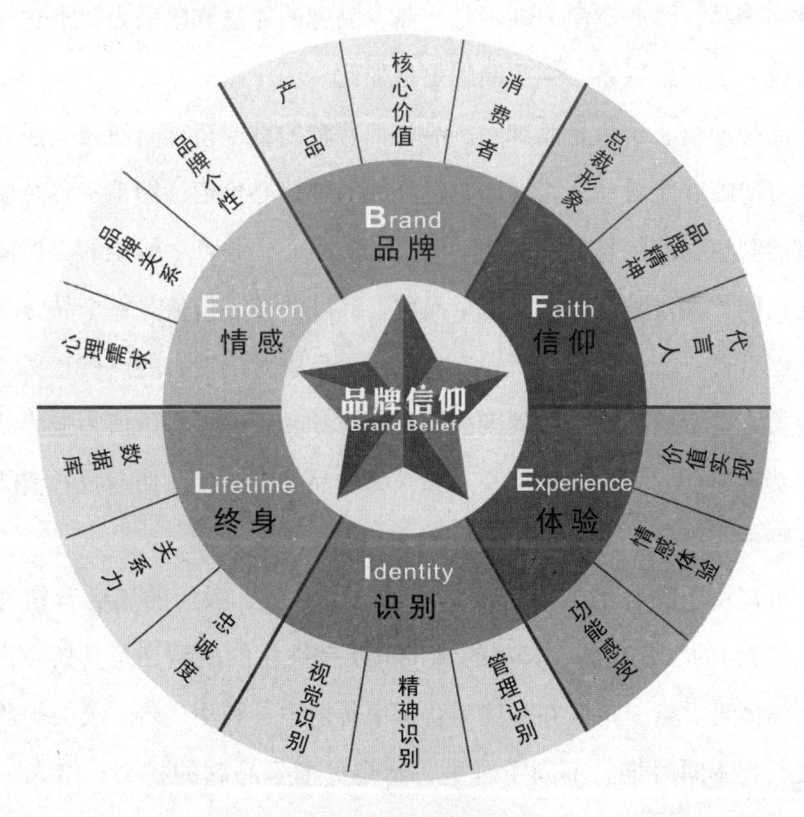

图 2　品牌信仰理论模型

第二节　以品牌的核心价值演绎品牌精髓

产品具有什么样的特点？消费者是谁？品牌具有什么样的核心价值？这些是创建品牌务必考虑的首要问题。已有品牌也要考虑如何长期坚持品牌的核心价值。产品是工厂生产的东西，品牌是消费者购买的东西。品牌存在于消费者头脑之中，消费者拥有品牌。品牌的基础和物质载体是产品，核心竞争力却不是产品，品牌的能量和吸引力源于它和消费者建立了情感联系，强势品牌更是如此。

品牌的核心价值是品牌、产品与消费者的重要桥梁与纽带。强势品牌具有清晰并能触动消费者内心世界的品牌核心价值，即消费者对该品牌所能联想到的信息能深深触动消费者的内心，并产生愉悦的心理体验进而认同、喜欢并持续购买这个品牌。品牌的核心价值是一个品牌最独一无二且最有价值的精髓所在，它代表着品牌对消费者的终极意义和独特价值，是考验品牌强势程度的重要标志。品牌的核心价值为强势品牌与消费者建立了深厚的情感联系和很高的品牌忠诚度，使消费者消除价格等顾虑，提升品牌溢价能力。

可口可乐品牌的核心价值是"活力、健康、激情的感觉及精神状态"，醒目的红色包装、舞动的飘带以及个性化的瓶型，是其核心价值的具体体现。可口可乐在品牌整合营销传播中，利用广告、公关等传播手段，在不同时期、不同主题里，始终贯彻着品牌的核心，给人"活力、健康、激情"的感觉，不断演绎着"潇洒、自由、快乐"的品牌个性，保持着品牌核心价值的高度一致，不断累积品牌资产。

沃尔沃的"安全"，宝马的"驾乘乐趣"，宝洁公司的"海飞丝"的"去屑"，"潘婷"的"营养保健"，"飘柔"的"光滑柔顺"，百事可乐"年青一代的选择"，诺基亚的"人文科技"，LV 的"旅行"，这些国际品牌都是凭借成功的、差异化的品牌定位与品牌的核心价值策略，立足于国际市场。"足力健"老人鞋，目标客群定位于老年人，具有"柔软舒适"的核心价值，吸引了诸多老年人。而背后是创始人通过走访社区，拜访老年人，深刻洞察老年人平时穿鞋时的痛点：脚趾骨变软、脚掌变宽、脚跟疼痛，针对性研发出前脚掌更宽、更柔软，专门适合老年人的鞋子，命名为"足力健"，基于消费者需求和市场洞察的品牌命名、品牌定位和品牌核心价值的传递，"足力健，老人鞋"的品牌主张广泛传播，销量大幅提升。

通过品牌核心价值的差异化提炼、传播，引发消费者内心的共鸣，强势品牌有效地阻击了竞争对手，形成品牌区隔，使品牌具有了鲜明的个性，增强了品牌的竞争力。以品牌核心价值为中心，不断塑造和演绎品牌个性，树立消费者心中理想的品牌形象，进而提升品牌价值与溢价能力。

第三节　以情感缔造品牌个性，建立持久、值得信赖的品牌关系

品牌满足了消费者什么样的心理需求？品牌具有什么样的个性？品牌与消费者具有什么样的关系？心理需求、品牌个性、品牌关系是消费者对品牌产生情感的关键因素。品牌是消费者如何感受一个产品或服务的总和。情感连接消费者与品牌，品牌的主要功能是提供和满足人们的心理需要，品牌个性是品牌人格化的体现。品牌不仅是产品功能的实现，更是情感利益的综合体现。稳定的品牌个性是持久占据顾客心理的关键，也是品牌形象与消费者体验的结合点。麦当劳在开拓儿童市场时强调"欢乐"的情感定位，让孩子们深刻感受到这一品牌主张，实现了品牌的有效传播。品牌个性能够提供人类情感方面的诉求和生活体验，为品牌创造一种独特的个性，满足消费者的情感需求，并且不断深化消费者的情感关系，真正从内心打动消费者，令其对品牌忠诚，从而

实现品牌价值的最大化。如雀巢品牌个性是一种"温馨的、美味的",诺基亚的品牌个性是"人性化的、科技的",这些都是基于人们情感的提炼和表现。

品牌个性能超越产品的物理性能和品牌定位,使品牌更具有生命力和人性化。品牌个性切合了消费者内心最深层次的感受,将个人情感与独具个性的品牌紧密相连。品牌个性具有强烈的情感感染力,它能够抓住潜在消费者的兴趣,不断地保持情感的转换。万宝路"粗犷、豪迈、不羁"的品牌个性深深地感染着吸烟男士,激发了他们内心的冲动并上升为男子汉的气概的表达,因而深受费者喜爱,以至于消费者用万宝路作为展示其男子汉气概的重要方式之一。

从消费者内心与情感出发,挖掘、提炼、塑造独特的品牌个性,并通过各种品牌传播手段,强化品牌个性,深深感染消费者,树立良好的品牌形象,使消费者成为该品牌的忠实顾客,为建构强势品牌提供情感保障,这是品牌个性的重要价值所在。

第四节 注重"终身顾客价值"的运用和培育

如何有效利用数据库?如何提升品牌与消费者的关系力?如何增加消费者对品牌的忠诚度?"终身顾客价值"Lifetime Customer Value (LTCV),指在每位顾客购买公司产品的一段时间(平均值)内,对一位特定顾客为公司利润的贡献的估算,它代表每个购买者在未来可能为企业带来的收益总和。品牌通过建立、维持与顾客的长期关系,建立较高的顾客维持率、较高的顾客份额,从而获得较高的顾客终生价值。分析判断顾客终生价值主要通过收集包括个人信息、生活方式、态度、地区、行为方式、需求、关系等资料形成的消费者数据库。"终身与顾客价值"可以帮助品牌确定谁是最重要的顾客，能更好地集中优势资源维持这部分顾客的关系，实现利润的最大化。对于那些获得新顾客和维护客户关系成本较高的行业，更应该重视顾客终生价值，例如航空业、金融服务行业和酒店业。如航空公司可以给一部分顾客免费升舱，这对于顾客来说受益很大，是顾客忠诚于品牌，而企业付出的代价很小。

根据顾客终生价值分配营销资源，能够大大节约企业的经费，甚至可以根据顾客终生价值的预测来修正企业的产品和营销组合。一方面，品牌利用顾客终生价值获得长久的利润和价值回报；另一方面，品牌应该为消费者提供一种终身的价值，形成很高的品牌忠诚度。终身顾客价值的运用是以消费者数据库为基础的，以加强品牌与重要消费者的关系力为核心，以建立持久的品牌忠诚度为目的，最终品牌获得很高的顾客终生价值。

作为互联网饮料新晋网红品牌，元气森林从产品定位开始就十分重视消费趋势与大数据，才有了"0糖0卡0脂"的爆款气泡水。口碑是品牌最重要的软实力。品牌用户的优质评价，就会吸引其他消费者关注和争向购买；而任何信任危机的出现，都有可能毁掉一个新兴品牌。元气森林对于用户评价与数据反馈非常重视，会迅速、动态地根据用户的评价来实时调整自己的口味和广告方向，由此获得用户的信任，这也是元气森林能够持续发展的重要原因。

第五节　以独特的品牌识别创建品牌联想

　　品牌如人，品牌具有什么样的精神面貌？品牌具有什么样的外在形象？品牌具有什么样的行为？在品牌营销传播活动中，常常会遇到不少问题：这个活动是否适合品牌？品牌适合发起社会化营销吗？品牌是否适合延伸到别的领域的新产品？品牌如何在保持其核心识别下改变它的传播风格？所有的这些决策都涉及品牌识别和定义，这是品牌建设的根本性问题。品牌识别是品牌经营者渴望产生和维护的品牌形象，品牌策略理念在不断发展，从品牌形象、品牌个性、品牌定位，到品牌识别。

　　差异化是品牌的重要特征，个性化的品牌识别系统是消费者对品牌的第一印象，也是品牌最具差异性的部分。没有识别的品牌，很难与消费者建立起信任和依赖的情感纽带。

　　品牌识别包括品牌精神识别、品牌物质识别和品牌管理识别。

一、品牌精神识别

　　精神识别如同人的大脑，是品牌识别系统最核心的内容，是品牌的核心与灵魂，它构成品牌的精神、理念、文化与价值观，决定着品牌的未来发展方向与远景目标。品牌精神识别由品牌远景识别、品牌目标识别和品牌价值观识别构成。品牌远景是品牌的长远规划，明确品牌未来10年或者更长时间的发展方向。品牌目标，即品牌存在的价值、理由和实现结果，除了商业价值的追求，更是品牌建设的追求，让通向品牌远景的道路更加清晰和具体。品牌价值观，是品牌建设者与消费者双方共同期待达成的品牌内在的长期信念，让品牌建设者了解应该如何做，让消费者了解品牌及其承诺，因此影响着品牌的最终发展。

二、品牌物质识别

物质识别如同人的脸面，是精神识别的外在视觉形象，也称之为视觉识别，直观可见，以具体的视觉载体传达品牌的精神、理念与价值观等，是品牌独特个性的直接体现。具体如品牌图形、品牌字体、品牌色彩规范与品牌设计风格等，作用在于塑造品牌形象、区隔对手。品牌物质识别包含五个部分：品牌名称、品牌标志、标准字、标准色等基础视觉；办公商务用品如名片、PPT、合同书文具、公务车等商务视觉；品牌旗下产品外观功能设计、产品说明书、产品包装、产品应用手册、保修卡等产品视觉；各种视觉媒体宣传等广告视觉；办公环境视觉与卖场环境视觉的展示视觉。

三、品牌管理识别

管理识别如同人的肢体与行为。品牌管理识别是品牌的行为规范和语言，以品牌精神识别为指导，围绕品牌远景、品牌目标与品牌价值观，在理念实施、组织管理、公共关系、市场营销等展开的品牌化活动。

在结构上，分为内部管理识别与外部管理识别。品牌内部沟通，重点在于使员工的价值观与品牌的价值观相统一。外部管理是指品牌的外部沟通，包括分销商沟通与消费者沟通。一方面，要确保分销商的目标与品牌目标相一致；另一方面，要通过市场营销等将品牌信息传递给消费者，在消费者心中塑造品牌形象。

成功的品牌识别系统可以是一个独特的标志（咬掉一口的苹果）、一种标准字体（CCTV）、一种颜色组合（百事可乐蓝色）、一种独特的声音（宝马广告结尾的三声"叮"）、一句广告语（Just Do It）、一种特有的包装（元气森林包装）、一种专有名称（香格里拉），或者多种组合。

每个企业都有自己的 LOGO，有多少消费者记住了？品牌代表着什么？真正的品牌要具有强烈的代表性和识别性。在品牌战略的统筹下，以品牌核心价值为中心，利用品牌精神、物质、管理识别系统创建清晰的、个性化的品牌联想，与竞争品牌形成明显区隔，塑造消费者心中理想的品牌形象。

世界十大名表之首，全球知名钟表品牌百达翡丽，始于 1839 年的瑞士，是以 Calatrava 十字星图案作为品牌 LOGO，标识有着很好的装饰效果，体现了品牌悠久的历史，符合百达翡丽的独特品牌价值和长期发展理念。Calatrava 十字星也代表了高贵气质，象征着独立勇敢的骑士精神，名字源自 12 世纪末的西班牙骑士团。十字星由四朵百合花构成，可以联想到法国王室纹章中优雅的鸢尾花、让·阿德里安·翡丽的家乡所属的厄尔—卢瓦省的盾徽标志上的三朵百合花。品牌标识由骑士的剑和牧师的十字架组合而成，牧师的"十字架"和骑士的"剑"，成为庄严与勇敢的象征，也代表着安东尼·百达与简·翡丽合作的精神。体现品牌追求完美、信奉精品哲学和出色工艺的特点。

强势品牌都具有丰富的、清晰的、能打动消费者内心的品牌联想。宝马是"终端驾驶机器""享受驾驶乐趣"、独特的蓝白相间螺旋桨标识、"尊贵、时尚、乐趣"；沃尔沃的联想是"安全的汽车"；王老吉的联想是"能去火的凉茶"。品牌联想的创造主要取决于品牌识别系统的创建。

第六节 为消费者提供独特的品牌体验

品牌是一系列顾客体验的总和。产品具备什么样的功能？品牌能带来什么样的情感体验？品牌能够带来什么样的价值？产品功能，有形的，摸得着，感觉得到，看得见；外在属性，什么风格，哪些式样，何样特性……品牌的作用和价值就在于品牌能为人们提供情感依托和独特体验。品牌对于消费者的价值可分为功能性价值、象征性价值和体验性价值三类（Park，1986）。品牌应该为消费者提供独特的体验价值，而非简单意义上的生产、渠道、销售。

品牌体验一方面是在消费者使用该品牌产品时的功能利益、情感体验，还有在销售环节中针对消费者、潜在消费者的体验式营销。耐克在798艺术区设立的体验馆，使消费者在了解耐克的历史中，体验产品的功能，感受这种运动精神，甚至使消费者通过自己的创意参与到耐克新的运动鞋设计中来，形成强烈的互动；苹果建立的品牌体验店，让消费者、潜在消费者在体验店免费体验新产品的功能，带来情感体验，在消费者心中产生愉悦的感受，对品牌形成独特的、牢固的情感关系；宝马一直坚持的独特尊贵的"免费试驾"的体验式营销，让消费者、潜在消费者体验这种"享受驾驶乐趣"，从而产生绝对的品牌忠诚。

百达翡丽在消费者心目中的地位和价值，来自高超的制表工艺和始终秉承的制表理念，这种精神早已融入公司的十大价值，成为品牌理念与高品质的象征。百达翡丽的十大价值分别是：尊崇传统、独立自主、品质工艺、珍贵稀有、革新创造、工艺美学、恒久价值、优质服务、承传优质、情感传递。

百年来，百达翡丽一直信奉精品哲学，遵守重质不重量、细工慢活的生产原则，以追求完美为主旨。百达翡丽出品的表数极为有限，且只在世界顶级名店发售。百达翡丽拥有多项专利，在钟表技术上一直处于领先地位，其手表均在原厂采用手工精致，坚持品质、美丽、可靠的优秀传统，百达翡丽以其强烈的精品意识、精湛的工艺、源源不断的创新缔造了举世推崇的钟表品牌。

要通过不断的体验营销和接触传播去强化、累积消费者与品牌的体验价值，维持良好和一致的品牌形象，企业最终将会获得由战略性的品牌资产带来的具有竞争力的、强大的市场优势。

第七节　在消费者心中缔造品牌的精神信仰

一款 LV 的包价格高达好几万元，一辆宝马汽车可以卖到百万元，在手机、电脑竞争非常激烈的市场上，价格昂贵的苹果产品依然能引发抢购风潮。强势品牌可以满足消费者的某些精神需求，这种精神沟通以产品、服务为基础，但又可以超越产品服务，为顾客创造高附加的心理价值，进而建立与顾客之间牢固密切的情感联系，使得品牌具有很高的溢价作用，品牌真正最具价值的资产是品牌忠诚度。只有在消费者心中建立强大的、终身的品牌信仰，才能使其对品牌绝对的忠诚，才能成就真正意义上的强势品牌。也正是这样，强大的品牌信仰成就了 LV、宝马、苹果这样强势的品牌。强势品牌具有很强的应对危机的力量，例如苹果因为 iPhone 4 的天线问题也只是给出了赠送免费保护套膜或者更新软件的方法，而没有涉及"召回"这个敏感的应对策略。苹果宁愿让用户到体验店更换，也不会大声宣布召回。苹果独特的品牌个性、"饥饿式营销"，令果粉对苹果的喜爱达到近似狂热的程度。

塑造积极正面的品牌象征，使它能够代表购买产品和服务的消费者的想法、追求和精神等，让消费者更容易产生共鸣及认同，为缔造品牌信仰奠定基础。同时，品牌象征可以是物、人或者其他，但它不仅满足了消费者的情感需求，而且拉近了品牌与消费者的距离、增强了消费者购买的理由，从而提高了品牌核心竞争力。在中国，奔驰车是身份的象征，它那"豪华、尊贵、舒适"的品牌个性，深受成功人士的喜爱。而宝马象征着"时尚、自由、乐趣"的品牌个性，深深地打动了当代的年轻人。耐克在所有的品牌传播中，淡化体育产品，突出运动精神，"真正的运动精神"成为耐克的品牌精髓。耐克品牌的意义超越了产品，成为一种对运动精神的追求，并形成消费者心中强大的品牌信仰，得到了众多消费者的共鸣，让选择耐克品牌成为消费者的唯一，一种必须，一种精神，一种信仰。

建立消费者信仰的手段有以下四种方式。

一、选择合适的代言人

通过借用名人代言这种方式，将品牌代言人的品质传递给品牌，将消费者对名人的崇拜转移到品牌上。耐克总是不断地通过明星代言，而且从不间断。从杰克逊到乔丹、巴克利，耐克一直以著名运动员为自己的品牌代言人，这些运动员被阐释耐克"JUST DO IT"的品牌精髓，吸引了众多的青少年，使其对耐克绝对忠诚，耐克成为他们的一种精神，甚至达到品牌信仰的高度。

二、塑造品牌创始人独特形象

如乔布斯与苹果、比尔·盖茨与微软、王石与万科、马云与阿里巴巴，以创始人自己的形象塑造了品牌，突出了品牌的个性和核心价值。这是形成品牌个性塑造最有用的来源，创始人身上一些独具魅力的品质就被传递到联想品牌上，从而形成了联想的品牌个性。人们把乔布斯与苹果紧紧地联系在一起，他天才般的电脑能力、创新的设计、叛逆的个性、处变不惊的风范铸就了苹果文化的核心内容，这使得苹果成为高度信仰化的品牌，与其他电脑品牌鲜明区隔。

三、强化品牌精神

当面对一个品牌时，人们会自动地去把品牌主张和品牌表现与自己生活中感兴趣的相对照和相联系。企业将基于消费者认同的品牌理念、精神、主张，通过营销传播手段以品牌的核心价值为中心统一、长期、持续地传播，使得消费者将这种品牌视为一种品牌精神、一种必需的选择、一种终身信仰。

四、创新的产品设计

产品是品牌的基础和基石。比如苹果公司因为推出了 iMac 台式电脑、iPod 音乐播放器、iPhone 手机、iPad 上网本等令人耳目一新的创新产品，大幅提升了其代表时尚和品位的品牌形象。但如果长期创新乏力，品牌的魅力就会逐渐减弱。

目前全球唯一采用手工精制且可以在原厂内完成全部制表流程的制造商——百达翡丽，仍坚守着钟表的传统工艺——"日内瓦 7 种传统制表工艺"，综合了设计师、钟表师、表链匠、金匠、瓷画家雕刻家与宝石匠的传统工艺。工艺大师采用手工精制的名表，皆为艺术珍品，这是百达翡丽钟表品牌的核心价值。体现了两位品牌创始人安东尼·百达与简·翡丽力求完美的钟表制造精神，以及百达翡丽不断创新与变革的经营理念。拥有一块百达翡丽表，成为诸多钟表爱好者追求的目标。百达翡丽至臻的艺术境界、精品哲学、创新的品牌精神塑造了品牌在消费者心中的信仰。

品牌营销者要从使用者、代言人、创始人、品牌理念、产品这些方面去寻找、发掘、传播、缔造品牌在消费者心中独特的值得消费者依赖甚至崇拜的终身信仰。塑造强势品牌必须缔造品牌信仰，在消费者心中一旦形成强大的品牌信仰，即便是产品出现一些问题，或者品牌出现危机时，品牌依然具有很强的免疫力。即便是苹果公司总裁乔布斯去世之后，苹果公司的iPhone、iPad销售依然火爆，成就了品牌与销量的传奇。根本原因在于苹果是一个具有强大品牌信仰的强势品牌，他的价值在于那些苹果用户的认同、喜欢和绝对忠诚，而这种认同具有长期性和持久性，甚至终身性。

品牌信仰是品牌价值体系的最高点，它可以超越产品和竞争，令消费者对品牌产生绝对的忠诚，并持续购买该品牌，甚至终身消费。强大的品牌信仰会成就一个真正意义上伟大的强势品牌，缔造品牌信仰、构建强势品牌是品牌营销的终极使命。品牌信仰理论体系强调品牌与消费者的情感以及品牌对消费者精神层面的影响，是构建强势品牌的营销新思维和理论探索。它既是在传统营销理论基础上的提升与创新，也是对当下品牌营销传播实践的总结与瞻望。

第八节　元气森林：引爆圈层传播，构建品牌信仰

元气森林作为中国新消费品牌的代表，在近乎饱和的中国快消市场中异军突起，表现非常抢眼，从默默无名到无人不知，它只用了四五年的时间。2020年，元气森林在天猫618节力压可口可乐，勇夺天猫饮品类冠军，2021年销售额达27亿。作为一款创新型饮品的品牌，元气森林的营销可谓成功，被业内誉为"网红饮料的销售奇迹"。

一、以独特的品牌识别创建品牌联想

品牌的视觉识别系统设计至关重要，对产品的传播起着关键作用。

元气森林，品牌名称简约，有青春活力，品牌名称本身具有一定的吸引效力。"元气"，有精力充沛、健康积极之意，深受年轻人喜欢。产品重颜值，风格偏日系。元气森林商标在日本注册，从商标到包装均是日系风，产地和销售市场却都在中国。

包装作为品牌的第一张脸，甚至决定着商品的生死，7秒可能会决定消费者是否有购买你的商品的意愿。包装即广告，元气森林包装上的"气""燃"简单醒目，颇具美感，简约的日系风格在一定程度上提高了品牌档次和品牌美誉度。每个产品包装都印有产品的广告语，简短、有效。在商品极其丰富、很难选择的时代，通过运用品牌超级符号，吸引消费者眼球，就是降低传播成本、走向成功的开始。

二、精准的产品定位，为消费者提供独特的品牌体验

元气森林上市的饮品主要为茶饮和气泡水。关于茶饮料市场，一方

面，传统的含糖茶饮料经历了市场的重新洗牌。从统一冰红茶和统一绿茶，到小茗同学、茶π、维他柠檬茶等，反映了茶饮料市场多元化的产品发展。这些新的含糖茶品牌把价位提升到6~8元档位，解决了传统的茶饮品牌老化的问题，体现了消费升级的需求空间。另一方面，近5年无糖茶市场开始稳步增长。无糖茶饮品，一般是年长的人比较爱喝的。从小习惯了各种瓶装饮料的90后偏爱饮用含糖饮料产品，使得无糖茶的消费需求处于空缺状态。随着90后群体年龄的增长，他们也慢慢开始喝茶，再加上健康概念的市场引导，这批群体对于无糖茶的需求逐年增长，他们也愿意花几块钱买一瓶无糖茶饮料。

我国碳酸饮料市场被可口可乐、百事等传统巨头占领，并掌控着市场渠道。除了产品本身很重要，渠道和供应链是快消品牌的关键。对于传统快消行业而言，渠道和供应链的搭建需要经过长期的积累才能更加稳固。

如何迎合消费需求和提升市场份额？做游戏起家的元气森林的创始人唐彬森，有着超强的消费者洞察力。元气森林另辟蹊径，打造"让消费者开心"的产品。

元气森林推出的"0糖0脂0卡"气泡水，包装独具特色，契合了90后"健康地放纵自己"的心理，让元气森林迅速走红。

目前，元气森林上市的饮品涵盖茶饮、气泡水2个品类，6款产品：气泡水、燃茶、果茶、乳茶、健美轻茶、宠肌，产品主打"无糖无脂、低糖低脂"的健康概念。元气森林"无糖专家"的品牌定位理念广泛传播。产品受众主打的是20~30岁的人群，这些人有品位、有知识，饮食注重健康、绿色、无公害。元气森林选了这条赛道——气泡水加无糖，很快打开了市场。

元气森林气泡水解决了消费者"想喝气泡水，但是又不想胖"的痛点。它成功的重要原因是基于市场的精准定位，迎合了年轻人群体的消费需求。

三、打破传统的线上线下渠道布局

（一）拥抱互联网大力拓展线上渠道

首先，元气森林让代工厂生产了百余款饮料在网上销售，线下渠道不铺货。两年后，选择具有竞争力的燃茶、元气森林、元气乳茶、满分果汁，集中力量做这4款产品，与消费者多次沟通，持续优化提升产品，并发展到6款产品。通过电商平台，元气森林触达到其他区域中有健康诉求的消费群体；通过送货上门培育起来的整箱售卖方式，可培养消费者稳定的饮用习惯，增加消费黏性；通过进入大V直播间和直播带货，大幅提升销量。

（二）突破传统思维的线下渠道布局

元气森林拥有数十万粉丝后，开始做线下渠道铺货。元气森林放弃传统渠道，主要面向一线城市95后的年轻消费群体。元气森林上架多种口味的气泡水，铺货到罗森、便利蜂、盒马等互联网型连锁便利店与诸多健身房。恰遇新型连锁超市的高速成长期，元气森林赶上了连锁便利规模增长便利。这些连锁便利店提供的是即时饮用需求满足方案，本身就倾向于寻找新型的、有增长空间的产品，新零售相比传统商超，它的市场占有率在不断提高，元气森林在最初渠道布局的时候选对了平台。

四、流量明星带货与当红偶像明星代言的圈层传播

通过冠名综艺、电梯广告等传统的展示类广告，以及利用小红书、视频博主、KOL，还有官微等新媒体内容营销，建立品牌形象，增加品

牌认知度。在官方微信公众号里,《注意~你的爱豆已被我方俘获芳心!》的推文,讲到一些明星都在饮用元气森林。这些年轻、富有感召力的明星,与元气森林的品牌定位相吻合。元气森林常常在两微一抖一B站（新浪微博、腾讯微信、抖音、bilibili）、小红书等社交平台,通过短视频、主播带货等方式引发社会化传播。

2021年夏天,元气森林签约了某档综艺节目中的偶像明星作为品牌代言人,该明星形象和气质很符合元气森林的品牌定位与形象。在赞助综艺时,也是选择了与元气森林品牌理念相符合的元气满满、充满活力的热门综艺。元气森林借助流量明星带货与当红偶像明星代言,迅速圈粉和破圈,建立了独特的品牌形象,增加了品牌认知度。

无论是品牌名称还是包装设计,元气森林自带网红气质,有别于传统饮料的包装,在设计风格上追求日系、简约、清新,颜值担当,低糖健康,发力社交电商平台和线下新零售渠道,流量明星带货与当红偶像明星代言的圈层传播,以"健康、活力、突破自我"的品牌精神,突破圈层的限制,在消费者心中构建起品牌的精神信仰,树立起了独特的品牌形象,增加了品牌认知度,并迅速抢占市场。目前,元气森林已覆盖了30多个省区市,在20万个线下店铺上架。

参考文献：

[1] 威廉·阿伦斯. 当代广告学（上）[M]. 丁俊杰,程坪,等译. 北京：人民邮电出版社,2006.

[2] 阿尔·里斯,劳拉·里斯. 品牌22律[M]. 周安柱,等译. 上海：上海人民出版社,2004.

[3] 菲利普·科特勒. 营销管理分析计划执行与控制[M]. 梅清豪,张衍,译. 上海：上海人民出版社,1999.

第二章

数字时代的品牌传播趋势与观点

第一节　品牌故事营销的思路与方式

在信息爆炸与媒体泛滥的时代，广告的直白吆喝和乏味说教，对消费者已经没有太多的吸引力与沟通力，品牌建设成为空中楼阁。在消费者生活中，品牌是通过认知、体验、信任、感受，与之建立关系，它是消费者如何感受一个产品、服务的总和。品牌是企业宝贵的无形资产。营销概念层出不穷、信息的海量与过剩、消费者心智则成为重要的资源。品牌营销的终极使命，不仅是产品的销售、品牌知名度美誉度的建立，而是将品牌的精神深植入消费者大脑，进而形成强大的信仰，甚至终身消费，最终构建强势品牌。

苹果、奔驰、香奈儿、路易威登、依云、耐克，人们对于这些品牌趋之若鹜，甚至达到狂热的程度。这些品牌到底拥有什么样的魅力？优秀的产品，好的品质，更重要的是，在品牌长期的发展中，沉淀出独特的品牌个性联想与品牌传奇。从 Mac 电脑、iPod、iPhone 到 iPad 这些风靡全球的产品，苹果演绎着简约、艺术、时尚的品牌核心价值，它所提供的科技+时尚的生活美学，与消费者建立一种持久、密切的关系，一旦使用可能会成为其终身消费者，咬掉一口的"苹果"成为其独树一帜的品牌形象识别，它是智能、自由、身份的体验与象征，虽然时代在变、产品在变，但苹果的"创新、变革、人性"品牌精神从未改变。通过创始人乔布斯与苹果的一系列传奇故事的不断演绎，成就了苹果这样一个高度信仰化的品牌。

伟大品牌的背后必然拥有一段为人熟知却又不同寻常的传奇，品牌传奇的缔造正是通过一系列的品牌故事演绎而成。

一、品牌故事营销概述

品牌用情感将企业产品、服务和消费者联系起来，为消费者创造令人愉悦和独特的消费体验。品牌不是刻意、一味地追求销售，而是与消费者共同分享一个美丽而又真实的故事。品牌的感知是由消费者亲身经历或听说的故事组成的，每个品牌背后都有可挖掘的故事。有的品牌故事生动、自然、来自生活；也有的品牌故事充满曲折，故事情节跌宕起伏。正如品牌专家杜纳·E. 科耐普曾说："品牌故事赋予品牌以生机，增加了人性化的感觉，也把品牌融入了消费者的生活……因为，人们都青睐真实，真实就是真品牌得以成功的秘籍。"

品牌故事营销，简单来讲，就是利用品牌故事的方式营销。品牌故事营销是指营销者利用演义后的企业（或组织）、产品及品牌相关事件、人物传奇经历、历史文化故事或者杜撰的传说故事，激发消费者的兴趣，引起情感共鸣，提高消费者对品牌认可的营销沟通方式。

有天然矿泉水中的贵族之称的依云（Evian）正是凭借故事营销而

创造了品牌的传奇。依云矿泉水来自阿尔卑斯山的雪水，每一滴依云水历经15年的时间以每小时1.5厘米的速度，渗透进位于深山的自然含水层，经过天然过滤和冰川砂层的矿化而成。天然的冰川赋予了它独特的滋味和丰富的矿物质，这是其他产品无法替代的，而它的发现过程与神奇的理疗效果极具传奇色彩。1789年夏，法国爆发大革命，雷瑟侯爵患上了肾结石。有一天，他取了一些Cachat绅士花园泉水，饮用了一段时间，惊奇地发现自己的病奇迹般痊愈了；1864年，拿破仑三世及其皇后也对依云镇的矿泉水情有独钟，正式赐名为依云镇；1878年，依云因其卓越的理疗功效而得到法国医药研究会的认可，随后投入生产。[①]

Zippo是世界排名第一的打火机品牌，除了过硬的质量和出色的防伪设计，故事营销功不可没。Zippo塑造出的一系列精彩故事：被鱼吞入肚中的打火机完好无损；越南战场上为安东尼挡住子弹救其性命；靠Zippo的火焰发出求救信号；甚至用打火机可以煮熟一锅粥等，都给观众留下了深刻的印象，增加了人们对Zippo品牌的好感。

品牌如人，伟大的品牌如同耀眼的明星，明星有各自的成长经历，品牌亦有各自的传奇故事。品牌为消费者营造了幻想，似乎消费者拥有这些品牌产品的同时，自己也拥有了这些传奇并成为其中的一部分。伟大的品牌以其动人的故事影响着消费者和世界。

二、品牌故事营销的思路与方式

（一）擅用故事的力量，印象深刻

品牌故事要真实生动、源于生活，陌生的品牌可以用熟悉的方式

---

① 来源于百度百科"依云"（内容是作者根据自己的理解撰写的）。

讲，抽象的品牌理念可以用故事讲。

迈锐宝（Malibu）作为雪佛兰旗下拥有 49 年历史和 8 代传承设计最具代表性的车型之一，于 2012 年在中国上市，绝大多数中国消费者无从知晓，迈锐宝是什么？代表什么？有什么样的品牌理念？2012 年，迈锐宝选择某著名影星作为形象代言人进行品牌宣传。2013 年，在网络上推出了迈锐宝加州驾享之旅"心回 Malibu"同路系列的微电影，选用旅行家、画家、导演、自媒体专家、跨界艺人、时尚评论人六个艺术家代表，以美国加州"渔人码头"为起点，以 Malibu 海滩为终点，六天时间，六个景点，六段旅程，六段人生，讲述 Malibu 的品牌渊源和品牌精神。

故事源自六个真实人物的真实经历和真切体验，真实、自然、生动；围绕人物人生旅程，借助美国加州"渔人码头"、一号公路、好莱坞、鸽点灯塔这些大家熟悉的风景，最后回到 Malibu 海滩，陌生的事物用熟悉的方式和要素讲；Malibu "驾享精神"这种抽象的品牌理念正是通过这些真实的人物、追逐梦想、旅程及驾享人生的故事进行讲述与演绎。如广告中所说"49 年岁月更迭，历经 8 代传承，每个时代赋予 Malibu 了全新的含义，但驾享精神从未改变"。

（二）让梦想照进现实，激发动力

品牌故事讲述要锁定目标消费群体，考虑所在行业与品牌自身的特性，进而描绘消费者心中的美好梦想。

以 BMW 全新 5 系 Li "与坚持梦想者同行" TVC 为例。BMW 全新 5 系 Li，是一款价格 40 万至 80 万的中高级轿车，同级轿车的竞争对手是奔驰 E-200L、奥迪 A6。从品牌定位来讲，它与后两者的共同点是豪华，差异性体现为奔驰是尊贵、成熟的象征，奥迪是舒适、稳健的体现，宝马是动力、乐趣的代表。"开宝马，坐奔驰"是最生动的描述。从目标消费群体来看，奔驰是富商及成熟的成功者和领导者，奥迪是相对内敛的成功人士（政府及事业单位高管），宝马也是富商等成功人士，但偏重时尚、年青、新锐，大多为家庭私用，前两者偏向商务和公务用途。

在品牌故事表现方面，TVC 以年青的成功者为主角，以人生旅程为线索，以不断进取、实现并坚持自己的梦想为品牌核心诉求。尽管他们已经很成功，实现了人生一个又一个目标与梦想，但还会有新的梦想与目标依然在等待着他们。"真正的梦想，永远在实现之中，更在坚持之中。"沉稳的色调、铿锵有力的音乐，以感性诉求塑造了 BMW 全新 5 系 Li 的崭新独特的品牌形象，加强目标消费者与宝马之间的情感链接与心灵沟通。以"与坚持梦想者同行"的主题定位全新 5 系 Li，"梦想之路，大美之悦"成为其品牌精髓。

品牌营销不只是提供物质产品，更重要的是为消费者描绘他们心中的梦想，寻找一个实现梦想的理由和故事。

（三）营造独特体验，自然融入

对于消费者而言，品牌提供了一种独特的体验。品牌故事讲述中的体验主要来自产品使用感受、品牌情感体验感受以及人生感悟。

LV，一个风靡全球的奢侈品品牌。150 多年来，从行李箱到各种延伸产品，LV 一直致力于演绎品牌的核心价值：优质旅行。

2008 年，LV 在中国投放了第一部电视广告《生命本身就是一场旅行》。

第二章 数字时代的品牌传播趋势与观点

"什么是旅行，旅行不是一次出行，也不是一个假期，旅行是一个过程、一次发现，是一个自我发现的过程。真正的旅行让我们直面自我，旅行不仅让我们看到世界，更让我们看到自己在世界中的位置。究竟是我们创造了旅行还是旅行造就了我们，生命本身就是一场旅行，生命将引你去向何方？"

广告词朴实无华却又扣人心弦，如诗般的唯美画面，浪漫而略带忧伤的旋律。不同的旅行者，带领我们走进旅行的飘荡感中。影像的恍惚与梦幻，伴随动听的木吉他声，令我们陷进LV营造的旅行、未知的浪漫以及对人生旅程的美丽想象之中。

这则广告讲什么？显然不是产品。长达90秒的TVC，产品仅出现3次，是以画面背景的方式，结尾品牌LOGO隐约闪现，没有刻意去强调品牌标识，只有品牌名称。时光荏苒，光阴流逝。真正的奢华，不是物质的奢华，而是内心世界与精神层面的奢华。这也是旅行的真正含义、终极意义与人生哲学。这也是LV所倡导的Life Value（生命价值）。LV不只是一个物品，更是一种生活态度，一种生活哲学。广告讲述的不是产品，而是旅行的情感体验、自我精神层面的思考以及对生命的体验与感悟。

在长期的品牌传播中，"旅行"成为LV重要的品牌核心价值，这也许与LV的创始人路易·威登（Louis Vuitton）在1837年萌生去巴黎的梦想旅程有直接的关系，因买不起车票而通过打工的方式到达了巴黎后又产生了开创一家皮具店的梦想，1854年他毅然辞去在宫廷的工作，创造了LV，坚持实现了他的梦想。强调体验的故事营销依然是LV重要的品牌传播手段。

（四）激发情感认同，以情动人

故事要打动人，不是高高在上，而是要放下架子，拉近距离；不是虚情假意，而要真情实感；不是浮光掠影、隔靴搔痒，而要触及内心，引起共鸣。

2013年，春节CCTV播放了公益广告《过门的忐忑》（"回家篇"系列之一），这则广告感动了很多人。因为它真实——来自中国老百姓真实的故事和春节回家过年团聚的情感。买票、坐火车、坐船，辗转38小时，重庆小吃店老板庞建辉把重庆老婆王晓燕带回福建平潭老家，只是让母亲握握儿媳的手。特别是婆媳见面之前的忐忑，各自梳妆打扮，紧张、忐忑的心情，用镜头表现得十分真实、细腻。

除了感人的故事、唯美的画面，还有扣人心弦、归心似箭的背景音乐——2008年迪士尼《火烈鸟的故事》中的 Arrival Of The Bird，传达出回家就像鸟儿迁徙一样的真切感受。该系列的广告还有《迟到的新衣》《63年的等待》《家乡的滋味》。四则真实感人的故事从不同的角度，反映了中国社会各地人们回家的急切心理，为观众带来心灵的感动。

这则广告突出表现了中国人春节回家团聚、家文化的营造、情感的真实表达。正如广告所言"这一生，我们都走在回家的路上""全中国，让心回家"，没有字正腔圆的旁白，故事与文案却有着直指人心的温暖力量。这是一则公益广告，体现了制作、播出方的人性化、社会化，通过故事的方式，极具人文关怀，激发大众的情感认同，引起共鸣，通过系列化、主体化的公益传播塑造了央视媒体品牌。

另一则公益广告"飞利浦一小步幸福计划《早餐》"，讲述的是来自云南一个山村小学"关于幸福"的真实故事。幸福是什么？是5克拉的钻戒，住豪宅，开名车？对于这些偏远山区的孩子来说，幸福是能吃上早餐，尽管是在十二点，尽管饭碗里只有一种叫豆芽的菜，匆忙的脚步、饥饿的眼神、幸福的期盼。没有华丽的语言，只有客观的记录；没有知名的演员，只有真实的人物；没有所谓的技巧，却能触及你的心灵。"也许你我的一小步可以成就他们幸福的一大步。"这是一则公益广告，更是由飞利浦公司发起的"一小步幸福计划"的公益行动，它会影响更多的人参与其中。

这两则广告，借助公益广告和社会营销的形式，通过故事的方式，以情动人，实现公益传播与品牌传播相结合。

三、结语

品牌不是抽象的，而是生动的。品牌如人，有血有肉，有自己的故事与经历。品牌故事营销的真实性、生动性、趣味性与曲折性，克服了人们的认知惰性，达到有效沟通的效果与目的。故事营销能够将沟通内容从单纯的产品或品牌，扩展到更容易引发人们共鸣的情感和象征，通过特定的故事将产品人性化、品牌人格化，让人自然地从情感上认可并最终接受观念、产品或品牌。

无论商业广告还是公益传播中的故事营销，如果能够直指人心，激发情感认同，引起情感共鸣，让人们看到人性的光辉或者佛性的包容，它就是一件成功的作品和一次真诚的沟通。所谓直指人心，见性成佛。

故事营销用生动、活泼、有趣的表达方式吸引了人们的注意，改变了传统、呆板的沟通方式。品牌故事营销通常以讲故事、谈梦想、说体验、聊情感的思路与方式，或者综合运用，让品牌走进消费者的内心。

通过广告，你可以发现一个国家的理想；通过故事，你可以感受一个品牌的魅力；没有故事，不成品牌。

[原文刊登于《中国广告》，2014 年第 7 期]

第二节　CDP：打通企业数据孤岛，赋能全链路营销

随着数字技术的不断发展，Big Date 时代已经来临，品效合一、全链路营销日益为企业所重视。随着科技发展，企业营销全面拥抱数字化，并带来了新的营销思维与工具。海量的数据，令企业管理和应用数据非常困难，营销变得低效。EDM 的点击率、官网落地页的 UV、微信公众号粉丝数量等常常被人们提及，如何应用这些数据进行营销数字化转型？CDP、DTC 等成为 2021 年营销行业的流行热词，MarTech 进入"计算时代"（Age of Reckoning），数字营销时代风口下，各种数字营销概念层出不穷，CDP 成为营销数字化浪潮中最为闪耀的一颗新星。

一、CDP 大火的原因

CDP 并不是一个新概念，它在 2016 年 Gartner 数字营销与广告技术期望值曲线上首次出现，直到 2021 年 CDP 话题依然很热。CDP（Customer Data Platform）客户数据平台，是获取、管理、应用企业一方消费者数据的系统，主要应用于企业的后链路营销和运营。CDP 是一个由营销主管理的企业顾客信息数据库，这个数据库将不同部门、不同系统中的消费者信息统一连接起来，供应包括媒介计划和广告投放、消费者

沟通及服务、消费者历程管理等营销活动使用。企业与用户连接的触点如官网、小程序、App、企业微信积累的用户数据可以存储在 CDP 里，成为数据资产。根据用户数据可以做用户画像，对用户进行分层，进行个性化运营，推送营销信息，这些都需要 CDP。

CDP 的火热与经济发展背景和企业迫切的增长需求密切相关。2017 年以来中国经济增速放缓，2019 年中美贸易战，2020 年席卷全球的新冠肺炎疫情暴发和防控常态化，全球经济下滑、业绩要求增加、市场预算消减，旧的增长方式难以为继，流量红利期结束、媒体围墙花园高筑，企业需要深度应用媒体数据的能力，更需要在私域深度运营的能力，深挖单个用户价值，更好地实现精准获客和二次营销，这些是 CDP 在中国市场兴起的背景。CDP 之所以受企业青睐，是因为它能提升企业整体数字竞争力，是企业实现营销数字化、智能化的基石。

二、企业需要 CDP 的原因

2021 年，企业营销数字化转型，更强调投放精准化、集约化、销售电商化，强调自建消费者触点，打通全链路营销和运营。企业营销数字化转型的基础是数据，CDP 作为管理、应用企业第一方消费者数据的系统，自然成为企业关注的重点。

（一）移动互联网时代用户场景碎片化

企业与用户之间连接的渠道阶段，经历了从以线下门店为主的单一渠道连接，到以邮件、PC 网站等为主的多渠道连接，再到现在以各种移动 APP 为主的全渠道连接。移动互联网中的两微一抖、小红书等 APP，都在不断地争夺用户注意力和用户时间。用户行为轨迹也因此遍布各处，随之而来的便是分散在各处的用户数据。用户零散的线上、线下行为轨迹，以及多平台的流转，会无形中给单一用户赋予多个用户身份。不互通的数据让消费者在各个系统账号中被识别为不同的用户，这也将为企业准确知晓用户身份、判断用户属性、描绘用户画像、企业协作流程、服务体验带来非常大的困难。

（二）企业内多部门、多工具形成数据孤岛

随着企业与用户之间连接渠道的多元化发展，企业内各部门管理用户数据的工具数量剧增。以全球 MarTech 市场为例，截至 2019 年已经达到了 7040 家，这仅是以营销技术为代表的相关工具，企业在实际运作过程中，各个部门还会应用到其他各种工具。根据市场公开数据统计，企业平均需要使用 15 个左右工具辅助部门工作。工具的出现，虽然在很大程度上提升了各个部门的工作效率，但也为部门间的数据流动铸造了壁垒，使得企业与用户之间的连接变得更加复杂。在多部门、多工具的情况下，用户数据被分割在不同的系统中。如果这些系统之间的数据没有互相打通，那么在任何一个系统中的用户数据都很有可能是片面的、模糊的、孤立的。

用户场景碎片化，企业内部多部门、多工具形成数据孤岛，是目前很多企业营销数字化转型的痛点所在。

三、CDP 的企业价值所在

（一）CDP 打通企业数据孤岛

对于已经线上化的企业而言，数据驱动增长的障碍，不是缺失用户

连接渠道和用户数据,而是缺少处理、打通和整合。CDP 占据了企业数据链条上的几乎所有关键节点,能够将企业内各个部门使用的工具进行数据打通,并将用户散落在线上、线下的所有数据进行整合、处理,全部集中在一个平台上,得到更全面、更有价值、更精准的数据。CDP 不仅能帮助企业提升获客 ROI、改善用户体验、更好地实现精细化运营、得到更深入的用户洞察,还能实现很多极富想象力的场景。

将分散在企业的各个触点以及系统中的数据,比如,网站、APP、企业微信、销售系统、CRM 系统、SCRM,进行梳理分类,打通企业内部消费者的数据,为开展全链路、深度的消费者运营进行铺垫。CDP 能够打通和整合企业内多部门、多工具的数据孤岛,形成唯一的客户视角的数据与策略。

(二) CDP 赋能全链路营销与运营

CDP 包含数据管理、消费者洞察、后链路运营和前链路投放这四个核心应用场景。CDP 能够显著提升企业在全链路的营销价值。

1. 全链路沉淀和管理消费者数据资产

有了 CDP,企业就可以通过统一的工具获取企业全链路基于消费者的数据,并将各个系统中的数据都接入 CDP,实现打通,使其成为企业的"以消费者为中心的统一数据体系"。以汽车行业为例,通过 CDP 可接入并整合来自官网、APP、小程序、公众号、企业微信、DMS、CRM、车联网等触点或系统的数据。

CDP 能够收集与整合来自企业内部系统和外部渠道,涵盖线上线下多触点的用户信息,并将之融合、打通,形成统一的用户 ID 以及完整多维的用户画像,帮助企业积累用户数据资产,对用户开展全面、精准的分析和洞察。同时，CDP 还拥有灵活且体系化的标签分类能力，结合 MA、BI 等功能模块，使企业能够深入探究用户的差异化特征，并借此发掘和深挖用户对于营销内容的触达和传播、商品及服务的销售转化、品牌忠诚度培养等多方面的价值，助力企业更好地进行营销决策，提升营销效率。

2. 打通前链路营销和后链路运营

CDP 作为一个数据应用系统，除了对接 MA 等工具，提高后链路运营能力之外，还可以与 DMP 结合，提高前链路营销的精准性。媒体方 DMP 可以支持的一方数据类型较为丰富，广告主选择的一方数据与媒体数据进行匹配就需要 CDP 的支持。目前，几大 DMP 巨头都推出了可以与 CDP 结合的数据工具：阿里云数据中台，巨量引擎云图的 Data Hub，腾讯 DMP 的联合专区，他们开放自己的数据，可以接入一方数据，然后输出数据分析能力。通过这些数据工具，效果类广告主，可以进一步提升转化效果，品牌广告主，可以进行维度更丰富的画像、更深入的洞察，优化投放策略。

CDP 重要的应用场景涵盖全链路的营销和运营，几乎所有的 MarTech 的应用和用户交互，都需要基于 CDP 实现。CDP 可以获取企业在营销前后链路，尤其后链路中的消费者数据，这些数据可以直接应用于营销和运营，而营销和运营反过来又会产生更多的消费者数据，并同样被 CDP 收集，形成数据不断积累的闭环。可以说，CDP 是承载企业全链路营销和运营策略的核心。

四、CDP 的冷思考

对 CDP 的认知要客观和全面，既要看到它的价值，同时也要意识到，CDP 不是企业营销数字化转型的"万金油"。CDP 是企业发展到某一阶段进行的选择，许多企业在搭建 CDP 之前，有一定的数据应用基础，随着市场的需求，才需要引入 CDP。而且各个行业、品牌差异性很大，CDP 也不是一成不变的。

CDP 只是 MarTech 全链路的一部分。数据和策略、内容和创意、广告投放、渠道运营和转化、客户和流程管理五大场景，构成 MarTech 全链路服务。CDP 所在的数据和策略，是其他场景智能化运作的基础，但不等同于其他四大场景，五大场景间相互赋能，并有效串联完整营销链路。

CDP 不适用于客户营销和运营以外的场景。CDP 是客户数据平台，但它不包含企业所有的数据。因此，企业不应该将 CDP 与企业的数据系统画等号。CDP 只针对营销和客户运营的场景，它可以与企业的渠道管理、备货、物流以及供应链甚至生产环节相联通，并根据需要为这些环节提供数据，但它并不负责收集和处理这些环节的数据。

还有其他技术及法规的限制。CDP 有技术的限制，例如，通过用户访问网站的 cookie 直接匹配用户的移动端设备 ID 是无法直接实现的。在营销和运营领域，有一些 CDP 在技术上可以实现的场景，实际落地却是非常具有风险的。除了技术本身，还有个人信息保护法规的不断出台和完善，导致消费者数据难以被有效获得和打通。

五、结语

消费者多渠道的购买行为，让企业难以追踪消费者全链路的消费行为，营销效果不明显，第一方数据越来越重要。企业搭建 CDP 已经是营销数字化的必然和必需，CDP 能打通企业数据孤岛，赋能全链路营销和运营。归根到底，企业长青的核心依然是品牌和带给消费者的体验。布局 CDP 是一项长期而艰巨的品牌数字化工程，道阻且长，行则将至。

[原文刊登于《中国广告》，2021 年 11 期，合作者：赵博阳]

第三节　Z 世代品牌如何和"后浪"玩在一起？
——B 站品牌营销策略研究

随着互联网的迅速发展和智能手机的广泛普及，以二次元和弹幕文化为核心特征的哔哩哔哩，已成为 Z 世代网络专属社区，B 站营销也为各大品牌所青睐。在各大社交媒体和视频平台的激烈竞争中，B 站营销也存在诸多问题。在互联网浪潮中，品牌如何和"后浪"玩在一起？如何"破圈""上岸"？如何成功实施品牌的年轻化战略？

2020 年五四青年节，微信朋友圈被 B 站宣传片《后浪》刷屏，视频中演员声情并茂的演讲肯定、赞美与寄语了当代的年轻人，深刻的洞察、出色的文案、充满感染力的演讲，让许多人都产生了共鸣，视频播出后在社会上引起了很大的反响，但同时也受到了一部分人的质疑。《后浪》成为 B 站的"出圈"之作，"后浪"一词迅速走红。

今年五四青年节之际，作为 B 站《后浪》系列的第二部，《我不想做这样的人》演讲视频一经上线再次刷屏朋友圈，引发全网热议。视频由 B 站联合学习强国、光明日报、中国青年报、新京报、环球时报等媒体机构共同发布。视频中两名初中生登台，以"我不想做这样的人……"为主题，自信、铿锵有力地向社会表达了新一代年轻人的观点和想法，视频演讲内容来自全国各省市26所学校955位初中生对社会的观察和对自身未来的思考。观点既体现了他们对内心底线和价值观的坚定，也激励着屏幕前每一位拥有少年梦想的观众。

两部片子的刷屏，实现了B站的成功"破圈"，再加上与央视等主流媒体的合作，迅速打破大众对B站平台认知的偏见和误区，塑造了积极和极具正能量的形象。2020年以来，各个社交平台都有很大程度的创新，抖音日活用户破6亿，快手宣布品牌升级，小红书视频号强势来袭，微博打造视频号计划等，B站从年初"最美春晚"，五四"后浪"破圈，开放营销投放，B站营销生态不断革新。提及B站时，我们会想到二次元、堪称黑话体系的弹幕礼仪、常用梗、鬼畜视频或是极具才华的各类UP主。自由、年轻，充满恶搞精神，B站自创立至今已经形成自己独有的生态，而与之相对应的，是个性的Z世代用户。现今的B站，已经不仅仅是汇聚二次元爱好者的小众网站，其内容丰富，圈层多元，它用多维度、多层次的内容，建构着年轻人更加另类、多元、丰富的文化社区，成为大众的精神家园。作为深受年轻群体喜欢的主流社交平台B站，已经被越来越多的品牌重视，B站成为品牌年轻化营销的主流阵地。那么，品牌如何融入B站生态？品牌如何和Z世代"后浪"玩在一起？如何将这群极具个性的Z世代转化为自己品牌的粉丝和主动传播者？

一、B站营销概述

（一）B站平台简介

Bilibili，也被称为哔哩哔哩或简称为B站，是最大的年轻人潮流文化娱乐社区。B站是中国年轻Z世代高度聚集的文化社区和视频平台。2009年Mikufans成立，2010年更名Bilibili。B站有着自己独特的文化。

B站早期是一个ACG（动画、漫画、游戏）内容创作与分享的视频网站。经过10多年的发展，围绕用户、创作者和内容，构建了一个源源不断产生优质内容的生态系统，B站目前拥有动画、番剧、国创、音乐、舞蹈、游戏、科技、生活、娱乐、鬼畜、时尚等15个视频分区，涵盖7000余个文化圈层、200万个文化标签，是最受Z世代喜爱的互联网产品之一。

截至2021年5月，B站月活用户达到2.23亿，同比增长30%，可以看到B站的年轻用户在快速地高质量增长。作为年轻人活跃的聚集地，B站拥有很强的用户黏性和无限商业潜力。

如今B站不仅仅是一个二次元社区了，B站用户的兴趣和消费需求更加多元化。他们更包容，无论是内容形式还是其他方式，只要足够优秀就能给予"正义"的反馈。他们黏性高，爱互动，同时他们也很挑剔，崇拜"实力派"，而非顶流和权威，也因此B站内容前景广阔的同时需要用更优质的内容才能吸引用户，才能实现品牌营销力的切实增长。

（二）B站用户画像

Z世代（1995—2009年间出生的人群），是二次元文化受众，规模已达3.28亿，占据人口的23%，随着Z世代迅速融入主流社会，他们作为未来消费的主力军，释放新人口结构红利，为市场注入新的活力和机会。相较于20世纪90年代之前的人群有着较为明显的特征。一方面，Z世代相较于前辈，是数字化原住民，物质生活较为富裕，并且受到消费主义的宣传,其消费意识以及生活欲望更为强烈。对于Z世代来说更多的是冲动型消费以及过度消费。Z世代可能不是收入最多的群体,但一定是最爱花钱、敢花钱的群体。Z世代的另一个显著特点是注重个性,相较于商品带来的物质利益,他们更看重的是其商品所蕴含的精神内涵。二次元之所以能够被Z世代所追捧不仅是因为画面优良,更是因为其动漫角色所代表的精神特质,二次元人物能使Z世代有归属感,Z世代更为注重对自我符号能有所定义化的内容。正如近几年被追捧的球鞋文化属于高溢价文化,但由于球鞋所代表的"潮"被Z世代承认、追捧,部分球鞋一发售就抢购一空。另一方面,Z世代人群普遍受教育水平较高,有着强烈的版权意识。消费习惯是追求正版,尊重创作者,愿意为版权和创作付费。正版手办与盗版手办之间有着少至几百多至数万的价格之差,Z世代作为对价格敏感的人却支持正版居多。

而B站作为Z世代聚集的基地,被誉为最大的年轻人文化社区,成为品牌聚焦关注的新阵地。崛起的Z世代成为品牌必须争夺的消费新势力,如何将品牌长期"对味"渗透Z世代心智,已成为品牌营销发力的要点。B站根植于年轻用户需求,提供多样化的产品和服务,并随着Z世代的崛起而崛起。

(三)B站内容生态

UP主既是B站最忠诚的用户,也是内容生产的主力军,他们为B站提供了90%的PUGV内容(Professional User Generated Video,专业用户制作的视频),这些原创或自制的多元化内容,吸引更多用户来互动和讨论,而粉丝对作品的喜爱让UP主产生成就感,激励着更多UP主持续创作更优质的内容,从而形成充满创意、良性循环的生态闭环。B

站根植于年轻用户需求，提供了多样化的产品和服务。

目前，品牌合作大部分投放在科技、生活、时尚等区域中，如 2019 年 4 月，雅诗兰黛白金粉底液"血洗"B 站。往往品牌方会根据品牌或者产品的属性去寻找对应领域的博主，例如日化类产品去寻找生活区的博主。

（四）B 站商业化营销生态

B 站作为国内最具影响力的年轻人文化社区，四大维度帮助品牌解决营销难的问题，激活年轻营销力。四大维度包括品牌知晓（广告即内容）、心智占领（内容即广告）、传播扩散（共创带扩散）、用户转化（内容助转化）。

2020 年 2 月 14 日，小米联合 B 站举行了小米 10 的线上发布会，同时推出"72 小时超应援直播"。之后，OPPO 等手机品牌的新品也陆续在 B 站线上举行发布会。4 月 15 日，麦当劳在 B 站举行了 24 小时新品云发布会，由麦当劳的首席执行官亲自在直播室进行直播，并邀请了 B 站不同圈子的人士参与，在线观看的人数超过百万，当然麦当劳也成功推广了自己的品牌，取得了丰厚的收益。

10 月 10 日，向来关注女性、为女性发声的国货美妆品牌——自然堂在 B 站创立支流大学，并拍摄了一则 TVC《做支流，不逐流》。影片故事以几个年轻的女 UP 主某天突然收到支流大学录取通知书开始，她们穿上自己喜欢的衣服，戴上夸张的假发，以二次元风格对抗主流社会对女生的审美管制。以"你本来就很美"为品牌口号的自然堂通过和 B 站合办支流大学进一步深化品牌理念——"你的不同很美"，鼓励年轻女性保持自己的独特性，尊重各种妆容审美取向。

自然堂借B站平台营销并非首次。从入驻开始，自然堂就以"千层套路""混剪"等B站文化生态圈的热词发布视频，很快跟上了品牌B站营销的脚步和节奏，积极适应年轻人的互动方式，并借此树立品牌人设。这一次更是联合自带粉丝和关注度的知名UP主，让敢于张扬个性的她们说出自然堂想要传递的品牌理念。目前，这则广告在B站已经获得72万的播放量和1.2万的点赞。

二、B站品牌营销存在的问题

（一）B站UP主广告内容良莠不齐

品牌在B站进行营销，多采取与UP主相结合的方式。但是B站UP主多为自媒体人士，没有经过系统专业的学习，缺乏专业的职业技能以及职业素养。当企业与UP主进行营销时，作品不能与产品充分契合，甚至会对品牌或者产品形象造成损害。此外，视频内容方面部分人员一味地追求视频观看数量，采用夸张式标题、带有暗示性的画面或者动作。短期内，视频播放量上涨，但是从长期看会引起更多B站用户的反感，以及降低自身的品牌格调。

（二）B站用户圈层意识强烈，对广告存在一定的抵触

B站的主要用户群体主要为Z世代，有着强烈的圈层意识以及排外情绪。对于视频内容有着严格的要求和很高的期待，希望UP主保留纯粹性，拒绝功利性以及带有功利目的宣传的产品。在很多UP主推广类的视频中，弹幕多数显示"只看不买"等，转换率不高。

（三）品牌定位不符合与目标用户不匹配

B 站用户群体多为 10~30 岁的年轻人，部分品牌不顾自身的用户群体定位，盲目地与 B 站结合进行营销。尽管营销手法多样，但是并没有达到 B 站用户的需求点，所以营销所产生的影响并不大。如著名教辅材料"五年高考三年模拟"于 2020 年 4 月 23 日与 B 站进行合作所推出的活动"一起度过 4.23 世界读书日——读书等身"，并没有取得预期的效果，甚至因为其教辅材料的身份与 B 站青少年用户学生的身份存在天然对立而适得其反。

（四）品牌方将 B 站视作单纯的信息发布平台，缺乏用户黏性

目前，由于部分品牌方缺少对 B 站的具体认知，将 B 站视作单纯的信息发布平台，视频内容一经发出便不管不问。对于 B 站用户的提问互动视而不见，缺乏与用户的互动感与参与感，导致用户对视频记忆度不深，进而导致对品牌的认识度不高，企业营销策略失败。诸如腾讯视频纪录片公众号，单视频播放量最高达 50 余万次，但是关注只有 1.2 万余人，播放量与粉丝量差距显著不成正比，甚至与视频观看用户的互动寥寥无几，并且此 B 站账号已于 2017 年停止发布任何内容。

（五）忽略发布内容节奏，速度较慢

B 站与双微一抖等平台不同，内容更新频率要求其实并不高，对于热点的创造追逐尤为明显，需要有一定的内容节奏和内容质量，并且 B 站用户对于某一时间段内的有关热点的二次创作也是极为认可的。但是部分企业营销始终地 B 站的视频内容与节奏慢一步，造成企业营销反

向不大的结果。

三、B站品牌营销策略

（一）加强B站UP主广告内容的监管与提升

UP主要加强系统专业的学习，提升专业的职业技能以及职业素养。品牌在B站利用UP主进行营销时，作品要与产品充分契合。品牌在进行营销时，不能盲目地追求眼前的一部分利益，更应该放到长远的目标上去。要勇于承担社会责任，保证自己的内容积极健康向上，将自己的品牌形象与勇于承担社会责任联系起来。只有这样，才会使得企业的形象在受众心中赢得先天的优势，无往不利。

（二）B站营销以原生软性渗透为主

考虑到B站的主要用户群体为Z世代，他们有着强烈的圈层意识以及排外情绪。视频内容尽可能让UP主保留着纯粹性，以原生软性渗透为主，减少功利性以及带有功利目的的硬性宣传产品，只有这样，才能更好地吸引Z世代，提高转换率。

（三）明确品牌定位，设定目标圈层

要符合品牌自身发展战略、品牌定位。B站的不同点在于，它拥有很多用户互动的内容，所以品牌的形象需要更加生动和丰满，品牌需要先规划出自己的"人设"形象。B站的硬广类营销其实已经相对成熟，品牌需要注意的是品牌产品品类与硬广曝光资源位的调性匹配。

品牌目标受众与B站用户群体多为10~30岁的年轻人相匹配。B

站平台上有众多用户圈层，圈层和圈层之间的文化和内容审美风格都不相同。圈层的选择会影响视频的分区和投稿标签，从而影响内容的流量分配。从目前来看，鬼畜区依然是品牌破圈神器，传统的音乐、游戏、舞蹈等分区也有着固定且忠实的用户，知识型内容、生活区增长速度较快，有更多的品牌爆发可能，但具体如何选择依旧要看品牌的自身特质。

（四）品牌方将 B 站作为双方共创平台，加强互动

可以实施"优质 UP 主+品牌"的模式，由品牌选择与自身品牌定位与产品定位相符合的优质 UP 主，双方进行内容共创，获得双赢的结果。如萌芽电动牙刷与 B 站生物区著名 UP 主芳斯塔芙之间的合作，芳斯塔芙是 B 站古生物科普类 UP 主，目前粉丝已过百万。

与其他流媒体平台不同，B 站最大的特色是"弹幕"文化，我们经常能看到用户在观看视频时通过"弹幕"来聊天，长期以来形成了 B 站独有的"弹幕礼仪"。如今，B 站无疑是国内互动率最高的长视频平台，从用户的转评赞比例来看，都远超其他的长视频平台。品牌将 B 站视频等内容发布后，对于 B 站用户的提问及时回复，加强与用户的互动感与参与感，加强视频记忆度和传播力。

（五）加强内容更新与发布节奏

B 站品牌营销应紧跟热点，通过热点的链接使得自身品牌能够为更多的用户所熟知以及记忆。品牌在 B 站中的营销也应如此，结合热点不断地推出新的内容，同时发布内容要结合 B 站本身独特的发布节奏，如此才会被更多的 B 站用户看见以及分享，从而在算法推荐中占据优

势获得更大的视频曝光度以及品牌曝光度。如在美妆类别中，相较于抖音的专业垂直以及快手的草根化而言，B站的内容节奏更偏向娱乐化以及视频时长更长。如美妆UP主与兰蔻合作的视频时长为7~10分钟，超出其余视频网站的视频时长。目前就B站的UP主更新频率来看，"一周一更"甚至"两周一更"都属于正常节奏，重点是内容要匹配用户需求。

四、结语

随着科技的不断进步，各个行业之间的界限正在逐渐被打破。泛娱乐化的范围也越来越大，生态圈正在形成。二次元逐渐进入三次元，三次元也应该不断地去尝试融入二次元。科技的大发展必然会推动传统营销模式的改变，在这个新的时代，企业和品牌必须不断地去迎合不同Z世代消费者的不同倾向以及喜好，而在这个以Z世代为主的年代，B站营销和品牌年轻化成为必然。

但与此同时，我们也要认识到，B站未必适合所有品牌，也不是所谓的营销特效药，只有选择适合品牌自身的平台与营销策略，品牌才能实现有效传播，触达消费者的内心世界。从某些方面来看，B站营销甚至更有难度、门槛更高。品牌只有客观审视自身状况，洞悉市场，了解Z世代的消费特征，制定有效的品牌年轻化营销战略，在万物皆可生存的B站，只有和"后浪"玩在一起，才能实现品牌的基业长青。

参考文献：

[1] 高菲.Z世代的短视频消费特征分析［J］.新闻爱好者，2020(05)：40-42.

[2] 胡娜.B站的产品生态和伦理价值风险研究[J].同济大学学报（社会科学版），2019（03）：45-51.

[3] 王蕾，许慧文.网络亚文化传播符码的风格与转型——以哔哩哔哩网站为例[J].当代传播，2017（04）：69-72.

[4] 曲春景，张天一.网络时代文化的断裂性和连续性："B站"传统题材作品的"爆款"现象研究[J].现代传播，2018（09）：86-92.

[本文合作者：刘家华，吴清飞]

第四节　移动互联网时代背景下的短视频广告初探

随着新媒体技术的不断发展，新媒体与广告传播方式日新月异。短视频、直播等持续升温，短视频作为互联网营销中的一匹黑马，吸引了越来越多的广告主和市场的关注，在营销阵营中已崭露头角，受到广告主的认可。短视频的爆发，一方面，是因为用户的内容消费习惯发生转移。越来越碎片化的时间下，用户花在纯文字阅读的时间越来越少。大部分的图文内容，正在被更直观、更生动的短视频所取代，内容"短视频化"成为重要趋势。除了老平台的短视频化，还有以快手、抖音等 UGC 为主的新兴短视频平台的爆发。据数据统计，拥有超过 7 亿用户的快手，其用户单月平均流量消耗已经超过微信，成为榜首。抖音更是在 2018 年春节后，飙升为现象级的话题产品，至今热度未减。截至 2020 年 8 月，包含抖音火山版在内，抖音的日活跃用户已经超过了6亿。另一方面，UGC短视频平台崛起的本质原因，是科技带来的内容生产力的大解放。原本拥有高门槛的视频制作工作，借由各种短视频平台及工具，变得极为容易。人人都可以借由短视频，充分释放内容的创造力。低门槛带来了充足的生产者，为平台源源不断地提供新鲜内容，吸引了更广大的使用用户。近两年的新冠肺炎疫情，使得大量线下活动转移到线上，出现了在线办公、直播带货、网上授课、线上健身等新业态，视频和直播在人们生活中扮演着越来越重要的角色。

正是由于以上因素，促使短视频平台实现了爆发式增长，成为流量的代名词，甚至焦点，并逐步成为这个时代炙手可热的互联网产品。以抖音为代表的短视频平台先后推出并完善了直播、社交、电商、搜索等全新服务场景，满足用户多种生活场景的需要，丰富了人们的日常生活。

短视频平台的商业生态，形成了一个稳定的三角形模式。平台、广告主、内容方都能在其中实现自己的商业价值，并获得持续发展。三方相互依赖而又相互促进。

在短视频平台，广告更容易以原生内容的方式出现，无论是信息流短视频广告，还是短视频自媒体的内容植入，都更加适应用户的观看预期，能更生动有趣地展现广告信息。用户在刷短视频时，出现一个与在看的短视频内容时长一致、内容形态也类似的广告内容，显然是更容易接受的。此外，短视频自媒体在自己的内容中植入广告信息，是因为在广告视频内容之外，视频自媒体还附加了与粉丝之间的关系价值。这一层关系价值，使得视频自媒体的广告内容更容易说服粉丝，形成有效转化，获得用户更高的好感度。

一、短视频广告概述

（一）短视频概述

短视频即短片视频，是一种互联网内容传播方式，一般是在互联网新媒体上传播时长在 5 分钟以内的视频内容。短视频是以移动端为主、PC 端传播为辅的视频内容形式，其通常以短视频平台和综合类平台为载体，以幽默风趣、时尚潮流、时下热点、脑洞创意为其主要内容结构，不仅有独立化的单条视频，还有成系列性的栏目板块。短视频由于其内容短小精悍、语言精练以及互动性强等特点，受到了大众的喜爱，并随之催生了"网红经济"等一系列市场衍生品的出现。随着移动终端普及和网络的提速，短平快的大流量传播内容逐渐获得各大平台、粉丝和资本的青睐。

短视频主要以抖音、快手、美拍等直播平台为主要阵地，展现着极其优越的传播价值。

（二）短视频广告及形式

短视频广告指以时间较短（6~15 秒）的视频承载的广告，可以是在社交 App、短视频 App、新闻类 App 等应用中出现。在视频移动化、资讯视频化和视频社交化趋势的带动下，短视频营销已成为新的品牌营销风口。

（1）根据短视频广告诉求的不同，短视频广告大致基于三种形式的传播与创作：首先是企业在短视频平台注册公众账号进行自身产品及企业理念的场景营销传播；其次是企业作为广告主对短视频平台进行广告推荐位的投放和广告的情感传播；最后剩下的主要部分则是依靠网红、大V、明星等庞大的粉丝流量和带货能力进行隐形推荐植入广告的分享营销传播。

（2）根据短视频平台定位和时长上的不同，当前短视频平台根据其定位，在广告内容时长上也会有对应的偏好和引导：15秒及以下，通常为UGC内容，侧重于普通用户的自我表达，代表平台有美拍、抖音等；1分钟左右，侧重故事或情节的展示，内容表达相对完整，代表平台有快手等；2~5分钟，通常为PGC内容，有完整且专业的编排和加工剪辑，内容维度丰富，侧重媒体属性，代表平台有梨视频、西瓜视频等。另外，有部分平台同时开放两个时长内容，并用版块进行区别，如土豆；也有部分短视频平台目前在时长上不做界定，如秒拍。

（三）短视频广告发展现状

广告市场整体增速放缓，逐步变成存量市场、零和博弈市场，短视频广告蕴藏着巨大的吸金潜力。据CNNIC信息统计，2020年中国网络短视频用户规模为8.73亿人，网络短视频市场规模为1302.4亿元。中国短视频市场集中度较高，呈现寡头竞争垄断格局。2020年8月，抖音及抖音系在短视频行业中的市场占有率最高达44.57%；快手及快手系市场占有率为33.06%，位居全行业第二；西瓜视频、好看视频、微视等平台市场占有率较低。[1] 短视频营销市场规模将大幅增长。

短视频广告由于实时性、互动性较弱，较难通过打赏（直播平台的收入来源）等形式获取收入。作为用户黏性特别强的平台阵地，广

---

[1] 中国网络版权产业发展报告（2020）[EB/OL]. 中国互联网络信息中心，2021-06-01.

告营销也随之和短视频进行紧密结合，成为短视频内容的主要变现方式，这种结合方式体现着十分独特的优势。所以，有着更强表现力、时间短、互动性强、传播速度快等特点的短视频广告，更容易吸引受众注意，增加受众记忆，更易引发病毒式传播效应；同时短视频拥有海量用户、多平台分发能力，具备大体量品牌广告主投放的承载能力，因此受到资本的青睐，随着短视频行业多重发展阶段的成长与探索，短视频广告行业将迎来行业发展的重要阶段。

以抖音为代表的短视频平台，整体进入了一个大规模的商业变现期。抖音上面的用户规模包括各种广告收入都在呈爆发式增长。短视频行业的变化有四个趋势。首先，短视频极大地拉动了用户对内容快消费的趋势；其次，内容垂直圈层越来越明显；再次，现在的短视频用户不只是单纯看视频本身，评论、投票等都变成了用户的核心需求；最后，"人即是内容，内容即是人，这也是一个很大的变化"。过去一年，短视频PUGC（专业用户生产内容）快速增长，甚至有超过PGC（专业生产内容）的趋势，网红已变成内容行业里的核心群体，而且通过一系列短视频广告能够不断强化品牌IP。

二、短视频广告的特点分析

（一）制作简单，准入门槛低

基于智能手机的普及化、大众化，视频制作的门槛逐渐降低，几秒至几分钟的短视频就能够增强大众的代入感，并且在制作上花费的人力、物力较少，且对视频制作者技术要求不是太高，而且手机的属性也增加了故事的触感，增强了短视频广告的互动性。

（二）传播渠道广，见效快

利用用户常住量比较高的社交平台，针对庞大的用户流量促进内容的二次传播，并依靠大V、明星、网红等意见领袖的带头作用，提高视频在用户之中的曝光量，吸引大众进行点击、阅读、分享等一系列的资助传播，并在内容为王的时代，制作精良的宣传内容吸引粉丝，将流量变现。

（三）内容具有创意性，互动性强

企业可以通过短视频发布宣传广告，缩短品牌与消费者之间的交互时间，提高品牌的互动性，摒弃传统的直接向消费者发布生硬的植入广告的方式，转而通过以故事性的短视频形式进行营销，在宣传中持久获得品牌推广效益，强化用户忠诚度，通过无意识地洗脑与人群意识的唤醒，提高企业产品与用户生活场景的代入感，深化企业在消费者受众中的形象。

三、短视频广告传播的效果分析

首先，对于新闻资讯平台来说，短视频丰富的信息承载量，能够传达更多生动、深度的资讯信息；并且在人们的生活趋近碎片化的时代中，能全方位地包围用户、环绕用户，促进短视频广告流量的转化与变现，使之更易于影响消费者受众。

其次，对于短视频平台来讲，短视频的社交属性能够吸引更多的用户参与、互动，增加平台的用户黏性；针对广告主来说，这样高度的用户黏性更容易满足其庞大流量的需要，而且广告主提供的充足的资金支持更加促进了短视频平台的发展，平台利用广告主的资金进行自身的平台建设，以此吸引更多的故事制作分享者的加盟，扩大平台在市场上的份额，两者相互依存、相互促进，形成了一种良好的生态环境。

最后，不同于以往的传统视频网站，简单的片头广告无法与短小精悍的短视频相比，并且作为长视频的补充形式，短视频能够满足各种各样的消费者受众更加多元化的需求，迎合了用户碎片化的观看习惯，能够强化用户的情绪感知和自由探索的感官体验。

四、短视频广告营销的发展趋势

随着商业化布局的推进，平台方与内容方在短视频营销上的合作逐渐深化，基于双方利益冲突的博弈关系逐渐显现。从平台方来看，要在短视频红海中突围并且建立竞争壁垒，持续的优质内容和头部的网红资源是其核心竞争力，将平台已有内容和网红资源转化为独家资源形成差异化和竞争优势；从内容方来看，其商业价值与流量直接挂钩，在一家平台上孤注一掷风险过大，在多家平台共同发展甚至实现内容全网分发更能保证未来的发展空间和稳定性。

笔者认为，我国短视频广告营销市场未来的发展趋势呈现以下五个特点。

（一）广告投放垂直化、精准化

针对当下庞大的大数据样本，对用户进行全面而深入的画像分析，进行深度黏性和针对性的精准广告投放。广告主与平台以及视频达人的人设进行深度匹配合作，辅之以不同的方式，根据不同的频道和属性，逐渐输出价值观，进而培养粉丝忠诚度，才是短视频广告流量变现的核

第二章 数字时代的品牌传播趋势与观点

心所在。

（二）打通投放通路，优化广告主体验

与传统媒体相比，短视频投放渠道和流程更加复杂。如传统电视广告投放，评估范围集中在四大卫视、二十家省台和上百款头部节目，而短视频营销的内容方和受众均呈现离散化、长尾化的市场格局，在海量资源中匹配合适内容和受众的精力成本过高。因此，未来打通短视频营销通路，链接内容方、MCN和平台方的合作流程和资源数据，为广告主实现一站式购买体验，将是重要的发展方向。

（三）广告内容方式故事化

如今，在内容为王的时代，内容即广告已经成为一种独特的广告形式。与以往的通篇植入的广告形式不同，要想在浩如烟海的短视频中使广告引起大众的注意，短视频广告必须塑造内容的独特性。将产品作为关键性道具，更可以体现企业产品的使用场景等，以此与平台稳定的受众和他们的收看习惯相契合。在关键性时间节点将产品的不可代替性与情感关联性同其生活方式紧密联系起来，利用品牌故事为品牌赋能。

（四）广告制作方式精细化

由于智能手机的发展与普及，视频制作上手更加简单，导致短视频广告出现了内容质量低下，短视频广告粗制滥造，不符合社会主义核心价值观，企业的短视频广告营销中的宣传内容存在夸大及半虚假性的现象等，使用户对这种广告方式产生极大的厌恶感，所以针对此类情况，我们的企业要主动承担自身的社会责任，制作高级、有趣、符合社会主义价值观念的新广告,既能树立企业良好的社会形象,又能提升用户对品牌的好感度。未来随着短视频营销逐渐受到重视,广告主营销预算倾斜,越来越多的专业团队不断加入短视频营销的创意和制作当中,进而保证短视频营销除了营销形式自身的特征外,还有更多专业化的保障。

(五)从流量思维向用户经营思维转型

短视频媒体平台遭严格整治的背后,折射出的危机是用户红利消退和行业竞争加剧造成的平台方的急功近利,也是内容生态的困局。而在接受政策监管的同时,各类短视频媒体平台将开始尝试自救,未来重新思考和厘清"垂直战略"是重要出口。

从发展来看,短视频是对长视频的补充。微剧、微综艺成为一些公司针对客户的"敲门砖"。从短视频的广告、内容来看,相关运营公司未来是一个非常好的形态,这是一个难得的新方向,所有公司的业务和方向都会聚焦于此,将有更多的传统广电和PC公司拥抱短视频领域。

[本文合作者:郑真真]

第五节　宝马品牌传播的本土化策略分析

中国市场已经成为全球最大的汽车市场。2010年上半年,中国高档豪华车市场增速高达91%,奔驰、宝马、奥迪竞争非常激烈。中国已成为宝马在全球的第三大汽车市场,也是奔驰E级、S级和R级的世界第一大市场。在各细分市场,奔驰E级、宝马新5系、奥迪A6竞争日趋激烈。在中国豪华汽车市场，奔驰依靠 S 级占据豪华汽车高端市场，宝马依靠 3 系完全占据私人豪华汽车市场，奥迪靠 A6 占据中端市场。在高档豪华汽车的竞争中，奥迪曾独占鳌头，随着奔驰、宝马竞争态势不断加强，目前形成了奔驰、宝马与奥迪三足鼎立的局面。

一、基于中国市场的策略思考

在品牌策略上，奔驰定位于豪华、尊贵、传统，目标消费者是富商及成熟的事业成功者和领导者，品牌形象稳重、尊贵；宝马定位于豪华、动力、乐趣，目标消费者也是富商等成功人士，但偏重时尚、新锐、年青；奥迪则定位于豪华、舒适、稳健，目标消费者为相对内敛的成功人士。

在产品策略上，宝马结合设计、动力与科技三大要素，分别以不同系列设定系列产品的等级：较小型的 3 系，安全舒适的 5 系，高级豪华的 7 系，优雅的 8 系，强劲的 X5，所有车系都具备了宝马汽车的动力基因和优雅风格。

在中国大众看来，宝马是财富和身份的象征。同时，也存在一些负面新闻：宝马车主假彩票案、宝马车主撞人事件，大众在一定程度上将宝马车主素质与宝马等同起来，甚至与"暴发户"关联，形成了社会争论的热点话题；全新 5 系上市之前，宝马爆发了召回事件；中国消费者消费行为的社会群体效应，导致很多消费者认为宝马的品牌特性不太适合做公务车，其用户群体被狭隘地理解为富人阶层。

二、中国文化演绎品牌精髓

从 2010 年 4 月开始，宝马（BMW）携手北京李奥贝纳广告在中国市场开展了以"BMW之悦"为主题的全方位品牌战略推广。"JOY"是宝马品牌的核心价值,"BMW之悦"是宝马全球统一的品牌核心价值"JOY"在中国社会和文化背景下的准确提炼和高度概括。

国内TVC沿用了宝马在全球的统一形象,从产品、创新、科技的产品层面到激情、梦想、分享的消费者心理层面进行了诠释,体现了宝马缔造乐趣、分享感动的"BMW之悦",是"纯粹驾驶乐趣"的延续、丰富和升华,令宝马的品牌内涵更为丰富,并用更加直接和感性的方式获得了更多的品牌认同。

同时,宝马先后发布了5幅平面广告。图1"脸谱"系列,将京剧脸谱与宝马汽车巧妙融合,通过"人车合一"的形式,表达了梦想、愉悦、分享等精神层面的诉求,以中国元素的视觉形式融宝马品牌理念于中国文化和当代精神,将"BMW之悦"的概念准确地传达给中国消费者;图2"天"、图1"车"、图3"人"系列平面广告分别以更低能耗、创新设计、中国梦想为诉求,延伸出"BMW之悦"的核心内容。水墨画、年画的视觉形式,减少了科技的冰冷感,使得宝马更具中国味、亲和力和富有内涵。

中国元素的表现形式在高端豪华车广告方面,具有颠覆性的突破,不仅是在视觉方面,更源于精准的策略思考,使宝马这个国际性的汽车品牌能够在中国消费者心中的形象更具亲和力。"脸谱"和"水墨画",其悠久的历史和丰富的内涵都与宝马的品牌形象具有相当高的契合度,显示出宝马对中国市场的了解和对中国消费者的洞察力,为宝马塑造了一种受尊重、易沟通,易于接近的形象,更传达出宝马对于中国文化的尊重和认同。

<<< 第二章 数字时代的品牌传播趋势与观点

图1 BMW脸谱篇,北京李奥贝纳广告设计

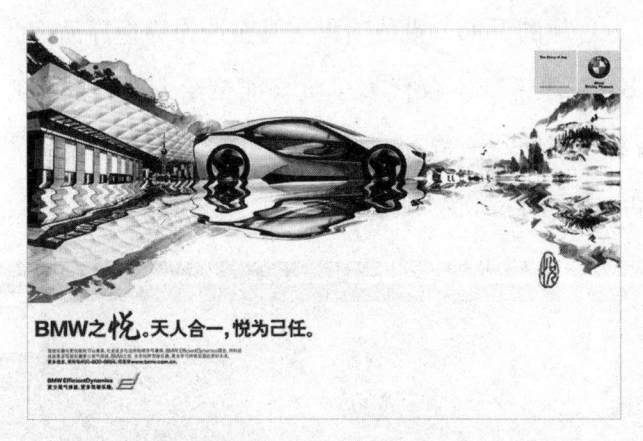

图2 BMW天人合一篇,北京李奥贝纳广告设计

图3 BMW梦想篇,北京李奥贝纳广告设计

三、高效动力驱动传播升级

2010年6月,以"高效动力策略"为核心的第二波传播战役展开,TVC以时空穿越的形式,以 BMW Vision Efficient Dynamicg 概念车为出发点,表现了宝马一直以来各系产品的高效动力策略,体现宝马创新的设计、动感的外形、澎湃的动力、乐趣与责任、性能与环保。平面广告图4环保责任篇、图5高效动力篇、图6先进科技篇,紧紧围绕"环保与社会责任""高效动力""先进科技"等方面进行了深入诉求,统一于"BMW之悦"的传播主题,是对第一阶段的延续和深入,不仅是对产品、动力、乐趣的诉求,更传达出宝马企业作为世界品牌的高度社会责任感。"BMW之悦"不仅代表了宝马能带给人美好的身心体验,而且全面地反映了品牌与消费者之间更深层的情感联系,树立了宝马是一个负责任和致力于可持续发展的品牌。

图4 BMW 环保责任篇,北京李奥贝纳广告设计

<<< 第二章　数字时代的品牌传播趋势与观点

图 5　BMW 高效动力篇，北京李奥贝纳广告设计

图 6　BMW 先进科技篇，北京李奥贝纳广告设计

四、感性诉求缔造品牌力

2010 年 8 月 5 日，全新宝马 5 系长轴距版在中国正式上市，针对中国豪华商务轿车市场，产品更加符合中国客户需求，新的设计与创新技

57

术使动力大幅提升，油耗和排放则大大降低，后排空间更为宽敞舒适，与奔驰 E 级加长版和奥迪 A6L 相比，其各项指标更具优势。

宝马展开了以"与坚持梦想者同行"为主题的广告战役。图 7 与坚持梦想者同行 TVC，以年轻的成功人士为主角，以旅程为线索，以不断进取、实现和坚持梦想为核心诉求，沉稳的色调、铿锵有力的音乐，以感性诉求塑造全新宝马 5 系 Li 独特的品牌形象，加强了目标受众与宝马之间的感性联结和心灵沟通。"与坚持梦想者同行"主题定位写真全新 BMW 5 系 Li，"梦想之路，大美之悦"成为其品牌精神。广告摆脱了单纯从产品层面如长轴距、大空间等理性诉求，以感性诉求加强与消费者的沟通，提升品牌影响力，从而带动产品销售力，将"激情与梦想"与品牌紧密相连，赋予其新的品牌内涵。

图 7　BMW 与坚持梦想者同行 TVC 截图，北京李奥贝纳广告创意制作

平面广告以"与坚持梦想者同行""美学惊鸿，风范卓然""豪华基准，商务典范"为核心内容，与 TVC 传播信息保持一致的同时，并在"产品设计""空间内饰"方面和产品理性层面对消费者利益进行了更深入的表现。通过不同视角展现了汽车的特点，但消费者精神层面的情感表现较少，画面表现略显简单和平淡。

图 8 BMW 与坚持梦想者同行，北京李奥贝纳广告设计

"梦想之路，大美之悦"的品牌主张延续了"BMW 之悦"企业品牌的传播主题，是对宝马核心价值的深化，"梦想之悦"成为"BMW 之悦"又一重要支撑点，更是全新 BMW 5 系 Li 的品牌精髓，是基于产品、动感、驾驶乐趣的升华，更是对中国消费者的洞察、追求梦想、不断超越的当代精神的准确诠释。全新 BMW 5 系 Li 成为追求与坚持梦想的象征。以品牌感性价值延伸品牌象征价值，以品牌理性价值为基础，做到了有序、高效地传播。一部动力强劲、外表豪华、充满乐趣的汽车，一个有富有激情、追求梦想情感的品牌成为中国消费者对于全新 BMW 5 系 Li 新的认知。

对于竞争对手奔驰全新长轴距 E 级轿车，产品开发晚 BMW 5 系 Li 一代。上市 TVC《狮子篇》秉承 E 系列的豪华、尊贵，融合中国元素——石狮并幻化为气态，与成功男士一路奔跑相伴，彰显霸气和力量。结尾一句"从优秀到卓越"的品牌口号，体现的是汽车与人的"从优秀到卓越"的理念，还是别的信息诉求？我们很难了解其广告主旨，因其缺乏核心理念，难以体现"最佳豪华行政座驾"的定位。广告创意要符合传播的策略，不能只是技术的展现，否则，很难与消费者沟通，更不利于品牌的传播。

全新宝马5系代表着成功和自信，它更是梦想的坚持者，反映着品牌使用者的性格、品位、生活方式和价值观。通过品牌的情感营销，为人和车之间建立了一种情感联系，令品牌使用者从内心深处产生积极的影响和愉悦感，与竞争对手形成明显的品牌区格。

五、整合传播与责任，成就世界品牌

第一阶段从3月的战略发布会开始，以广告传播、4月北京车展、"BMW之悦"媒体体验会等方式，紧紧围绕"BMW之悦"来展开，实现了品牌传播的统一、整合；第二阶段的"高效动力策略"是"BMW之悦"第一阶段传播的延续和深入，使得高效动力成为宝马品牌的重要支持点，也是动力与责任和乐趣与环保宝马之"悦"理念的体现，并成为消费者心中的重要品牌记忆点；第三阶段的宝马5系"梦想之路，大美之悦"产品上市推广，将宝马历史与中国重大事件结合的情感营销，也是在"BMW之悦"统一传播战略下的产品推广，统一而各有侧重，使得"激情与梦想"成为宝马重要的品牌精神。

在网络传播方面，"借别人的车画自己的梦想"，极具吸引力的视频，传达出梦想之"悦"；联合土豆、优酷和酷6进行的"宝马之悦剧本征集大赛"的市场推广，邀请国内导演助阵，引起了广大网友的广泛关注和参与；通过"集装箱猛兽"悬念故事，为"M3 Tiger Edition" 25周年限量珍藏版车型市场推广赚足了眼球，以广告、论坛、SNS、微博等形式进行了立体化全方位的宣传，赢得了受众、媒体的大量关注，发布会邀请了一些重量级明星和精彩的表演令活动增色不少。网络传播结合事件营销与传统营销传播手段宝马品牌的传播保持高度一致。

通过全方位的品牌传播，传达出宝马是梦想和进取、挑战自我的品牌，这种理念与中国人实现梦想的进取精神相吻合。"BMW之悦"将品牌精神、消费群和中国的时代精神统一在一起，赋予宝马品牌独特的魅力。宝马与中国的梦想者们同行，为追逐梦想而共同努力，共同成就"BMW之悦"，传播使得品牌形象提升到一定高度，令其他竞争对手难以超越。

宝马在中国进行了文化之旅，成立了宝马爱心基金、"点亮希望"等众多的社会公益活动，宝马的责任感、客户的公益心和社会主流意识的融合，成为"BMW之悦"的重要内涵，传达出宝马的"责任"之"悦"。宝马的"高效动力"策略，是在高效的前提下提供动力，同时更加环保。采用氢动力等一系列新的环保技术，同时带来整个油耗的下降，环保、可持续发展成为宝马品牌的重要内涵。

"BMW之悦"的品牌传播战役，宝马和代理商北京李奥贝纳通过统一而有侧重的营销传播，呈现了崭新而独特的宝马形象，清晰地传达出宝马驾驶乐趣之悦、成就梦想之悦、责任和分享之悦，是国际品牌理念与中国文化的完美演绎，以全新、高效的传播方式与消费者进行了很好的沟通，塑造了宝马在中国全新、正面、易于沟通和具有高度社会责任感的国际品牌形象，传达出其丰富的品牌内涵。

这是国际品牌宝马全球化战略在中国本土化营销的第一步，具有划时代的意义，对于宝马及很多国际品牌的本土化和中国品牌的国际化来说，未来，任重而道远！

[原文发表于《中国广告》，2011年第2期]

第三章

广告创意趋势解析

第一节 奖项折射出行业的未来之光
——长城奖、黄河奖创意趋势解读

广告奖项是广告行业发展的风向标，是以戛纳国际创意奖为代表的国际奖项，到国内的长城奖、黄河奖、CAMA 等，因各个奖项的主办方——政府、行业组织、媒体、广告营销机构的差异和诸多因素，形成了各自的独特文化。奖项是一面镜子，反映了当前广告行业的面貌；奖项也是三棱镜，折射出行业发展的本质和未来趋势。2020 年，受新冠肺炎疫情影响，戛纳创意奖等国际广告奖项取消举办，2021 年陆续恢复至线上举办。近两年国内广告奖项如长城奖、CAMA 等奖项依然照常举办，这得益于国内对疫情的有力防控和广告行业的坚守。

一、中国广告营销奖项的"双子星座"

中国广告业大奖由长城奖、黄河奖两部分构成，由中国广告协会主办。长城奖与黄河奖，堪称中国广告营销奖项的"双子星座"。正如中国广告协会会长张国华所言："广告业奖项众多，但国家级奖项却凤毛麟角，中国广告业大奖在中国广告业具有举足轻重的地位，每年都会涌现出很多优秀的作品。"长城奖与黄河奖是中国国际广告节的重要活动奖项，广告节始办于1982年，是中国最具权威性和影响力的广告行业盛会，目前已举办28届。

（一）长城奖：广告之巅看长城

长城奖始创于1982年，是唯一经国务院批准的商业广告奖项，作为中国广告业历史悠久、权威的国家级广告赛事，被业内人士誉为"广告之巅看长城"。奖项以创意和制作为准绳。长城奖在中国广告业具有极大的影响力，获奖作品代表行业的最高水准。正如中国传媒大学广告学院院长丁俊杰教授所言："长城奖对广告业是标杆、导向，也是态度和立场。"不到长城非好汉，"获得长城奖是一个至高无上的荣誉"。首都经济贸易大学杨同庆教授等人表示。

（二）黄河奖：以公益温度传播人间大爱

黄河奖起源于1982年，是唯一经国务院批准设立的公益广告奖项。黄河奖，寓意公益广告就像黄河母亲无私哺育中华儿女一样，需要承担更多的社会责任。黄河奖是国内最早成立、最具影响力的公益广告奖项，分年度类和创作类两大类，年度类为年度内发布过的公益广告作品；创作类是根据国家发展战略和规划设定主题专门创作的作品。"黄河奖，要承担广告业的社会责任，要体现广告业的导向，然后更好地服务社会发展。"① 北京大学新闻传播学院副院长陈刚教授表示。

二、长城奖、黄河奖创意趋势解读

(一) 长城奖创意趋势

2021年第28届长城奖征集作品4000余件,最终评选出全场大奖1件、特别奖1件、金奖25件、银奖41件、铜奖67件等奖项。

1. 创意驱动品牌,技术赋能创意

2020年第27届长城奖全场大奖的获得者为北京新意互动数字技术有限公司创作的华为P40系列手机创意动画广告《有惊无险》,作品讲述了一只兔子向同伴们分享它借助华为P40的夜摄、防抖等拍照功能化险为夷的历险故事。以萌趣动物视角,体现了产品强大的功能,与用户拉近了距离,塑造了品牌的独特个性。3D动画制作精良,故事引人入胜。再如获得金奖之一的《双汇筷厨×小米,AI上家的味道》,是双汇筷厨与小米营销的跨界合作,它以AI智能技术为核心串联了用户生活的有效场景。可见,创意依然是长城奖重要的评选标准,其次是技术的呈现。

2. 品牌态度与社会责任的高度融合

2021年长城奖全场大奖为《蕉内三部曲:底线》,蕉内把"基本款"比作"底线",号召年轻设计师和蕉内为普通人画一条新的底线,传播了"重新设计基本款"的品牌理念,塑造了新国货品牌形象,彰显了在消费升级的时代背景下的品牌态度、消费者价值观和社会责任

---

① 源于2021年12月11日第28届中国国际广告节黄河奖颁奖典礼陈刚教授的讲话。

图1　2020年第27届长城奖全场大奖《有惊无险》

（资料来源：长城奖官方网站）

感，"底线"更是成为一个公共性质的社会议题。再如获得金奖之一的《潘婷3#闪耀如她#社会化营销》，是有氧YOYA DIGITAL借助三八节为潘婷打造一系列"闪耀如她"的主题活动，聚焦"职场女性"遭遇的职场偏见。潘婷另辟蹊径为"潘亭"寻找"女"字旁，发出寻她启示，强调女性不要丢掉"她"，鼓励每一位职场女性发声，体现了品牌态度，更承载了社会责任。

3. 从商业营销到公益营销的转变

《中国银联诗歌POS机〈万物有诗〉》通过动画形式，将山区孩子的诗与古诗名句结合，还原名画中的自然景象，呼吁大家关注大山中留守儿童的内心世界，作品出圈后，又推出了《中国银联诗歌POS机〈诗歌长河〉》，将话题扩展至户外场景。《我在秦陵修兵马俑》用一支专业而生动的沉浸式H5，让受众化身兵马俑修复师亲临兵马俑修复现场，开

65

图 2　2021 年第 28 届长城奖全场大奖《蕉内三部曲—底线》

（资料来源：长城奖官方网站）

启跨越千年的文化之旅，借助公益营销进行数字品牌传播，让历史变得更加有趣。公益营销已经成为渗透年轻圈层、破圈的重要品牌传播方式。

图 3　2021 年第 28 届长城奖内容营销金奖，中国银联诗歌 POS 机《万物有诗》，上海天与空

（资料来源：长城奖官方网站）

（二）黄河奖创意趋势

2021年黄河奖征集作品4320件，评选出全场大奖1件、金奖7件、银奖10件、铜奖14件、优秀奖179件，作品以公益创意促进公益行动，树立了正确的价值观导向。

1. 人物故事与家国情怀的交汇

由中央广播电视总台报送的庆祝建党百年公益宣传片《一百年，一切为了人民》获得全场大奖。该作品节选建党百年历程中的重要人物和重大历史事件，通过极具震撼力的音画，再现建党百年来的辉煌时刻，体现了中国共产党"一切为了人民"的初心使命和奋斗历程。《八一建军节公益片》展现了军装具有的"超能力"，他们错过每一次流行，却未错过任何一次千钧一发的险情，充分展现了中国军人昂扬向上的精神面貌；《妈妈的请假条》讲述了扶贫工作队员舍小家顾大局、开展脱贫攻坚的感人故事，体现了中国共产党人的使命和担当；《我的超

图4　2021年第28届黄河奖全场大奖《一百年，一切为了人民》

（资料来源：长城奖官方网站）

级英雄》展现了一群小朋友进行 Cosplay 游戏，体现了少年儿童对国家栋梁崇拜与敬仰的"偶像观"和价值观。作品将公益与时政结合，既有讲述平凡人物的温情故事，也有歌颂家国情怀的宏大叙事，弘扬了时代主旋律，传播了社会正能量。

2. 公益向善，回归人性

作品《没有尽头的朝圣》以朝圣者对西藏圣地的虔诚信仰为切入点，通过"每弯腰捡起一个垃圾瓶，就是对大自然的一次朝圣"的创意概念，把西藏游客变成美丽公约的志愿者，进行清理垃圾行动，广告中呈现的善意展现了人与自然的和谐；《吉心工程》讲述了刘启芳的"吉心工程"改变了先天性心脏病贫困儿童患者的人生，以一心守万心，用微光照亮希望；《冰川的"碳"息》用萌趣画风，讲述了北极熊和海豹这对好朋友因冰川融化而分别，体现了"碳中和"的公益理念。创意向善，回归人性，让公益广告更具中国特色。作品聚焦社会问题，不仅能给观者带来触动，更能唤起公众的社会思考与行动。

图 5　2021 年第 28 届黄河奖互联网金奖《没有尽头的朝圣》

（资料来源：长城奖官方网站）

三、长城奖、黄河奖的创变之道

（一）长城奖奖项内容的调整变化

第一，评选方式的变化，2021年除了常规报送，主办方还主动搜集年度优秀作品并将其纳入评选；第二，评选维度更多元，增设内容营销、跨界营销、场景营销等新型类别，新增平台类、年度品牌类、公司类，2022年将新增品牌数智经营；第三，评审流程更加严格、公正，评审分组、多轮投票、多轮合议；第四，评委数量增多，群体也更多元化，70位评委，覆盖高校、知名媒体、品牌、4A广告公司等多方主体；第五，2019年长城奖在国内首次开展"广告学术类别"征集活动，具有里程碑的意义。

（二）黄河奖奖项内容的调整变化

2020年新冠肺炎疫情暴发，中国广告协会联合国家卫健委特别设立"抗击疫情"专项奖，这是国内最早发起、作品数量最多的"抗击疫情"公益广告征集，年度奖新增H5、公益效果类别。创作奖命题，2021年为乡村振兴、庆祝建党100周年等，紧贴当下国家重大战略和社会主题，内容主题为社会主题、重大主题、公益人物。

长城奖、黄河奖奖项内容的调整，是基于中国乃至全球广告行业的发展与变革。长城奖和黄河奖与时俱进，洞察数字时代新趋势，贴近行业需求，在创变中不断升级转型，且长期坚持不收费用的公益性，致力于打造具有国际影响力的综合性广告行业大奖。

四、2022 年中国广告的营销新趋势解析

（一）元宇宙：品牌虚拟营销

2021 年，"元宇宙（Metaverse）"爆火，元宇宙是平行于现实世界的虚拟数字世界。元宇宙概念股、元宇宙 IP 层出不穷，脸书（现更名为 Meta）的智能眼镜"Ray-Ban Stories"等元宇宙产品不断涌现。元宇宙催生新兴营销玩法，"虚拟偶像"一马当先。"一个会捉妖的虚拟美妆达人"柳夜熙在抖音的首条视频，让"美妆遇上元宇宙"的话题引爆社交网络。视频中的她由虚拟现实、建模技术、真人跟踪等打造而成。虚拟偶像的诞生催生出虚拟主播、虚拟模特等多种形式的虚拟数字人，例如蓝标推出的"苏小妹"，通过虚拟形象打破次元壁结界。和明星相比，虚拟偶像有不易翻车、可塑造、费用较低等优势，能够持续为品牌创造价值。

元宇宙是去中心化的新营销生态系统，2022 年品牌要拥抱元宇宙，在数字营销时代，更要积极主动地创造品牌自身的虚拟形象，不只是打造虚拟偶像，还包含构建自己的元宇宙，甚至 NFT 产品、社交互动游戏和虚拟演出等，一个属于品牌的虚拟营销时代正在到来。

（二）体育营销：品牌新契机

2022 年，北京冬奥会、杭州亚运会、卡塔尔世界杯等重磅赛事的举办，对于品牌来说，体育营销是绝佳的营销机会。中国女足参加的亚洲杯，从比赛到夺冠，引发媒体特别是社交媒体的广泛传播，甚至打出了"我们永远相信中国女足"的口号。北京冬奥会，从开幕式到赛中，

不同转播平台的多档相关节目，吸引了大量品牌的赞助。"蒙牛支持中国女足和要强的你"等体育营销活动，为品牌赚足了声势，冰雪公主谷爱凌成体育圈顶流，令其代言的20多个品牌收获满满。2022年，通过赞助或借势的体育营销将成为各品牌的优选。

（三）新冠肺炎疫情背景下的创意价值观

新冠肺炎疫情的影响，改变了我们的生活和认知。2022年，新冠肺炎疫情依然是全球共同面对的最大挑战。在营销领域，其对用户的使用习惯等方面的影响逐渐扩大，如何在不断变化的环境中有效触达更多的用户？品牌如何解决社会问题？新冠肺炎疫情防控期间，品牌传播与以往迥然不同，品牌如何借助创意，促进与受众的有效沟通，引起广泛共鸣。公益类营销、健康主题传播成为趋势和必然。

五、广告奖项核心竞争力解码

广告行业奖项，竞争日益激烈，出现奖项同质化、评奖"翻车"、程序繁杂、过度商业化等现象，甚至出现知名广告公司拒参的窘况。奖项要想实现可持续发展，需要打造自己的核心竞争力。首先是奖项的专业性，奖项类别、评审规则、评委构成等，要做到专业、公正；其次是奖项的权威性和公信力，需要长期专业经营而形成；再次是奖项的差异化定位，国际广告奖项我们会想到"戛纳创意奖"，实效奖会想到"艾菲奖"，奖项如同品牌，需要进行品牌定位和品牌建构，切忌"千篇一律"，要基于市场需求和自身优势而进行差异化定位；最后是奖项的创新性与引领性，奖项务必要与时俱进，具有创新思维和变革意识，助推行业发展，甚至能够引领行业。奖项的运营和发展，不仅需要顺势而为，更需要匠心和公益心，打造核心竞争力，方能持续发展。

参考文献：

[1] 中国广告行业大奖——长城奖（2021）[EB/OL].中国广告协会，2021-10-14.

[2] 中国广告行业大奖——黄河奖（2021）[EB/OL].中国广告协会，2021-10-14.

[原文刊发于《中国广告》，2022年第3期]

第二节　奖项记录营销变革，创意鉴证中国广告
　　——第21届IAI传鉴国际广告奖创意趋势解析

　　IAI传鉴国际广告奖是知名的综合性广告与品牌营销赛事奖项，始创于2000年，由北京广播学院广告学系（现中国传媒大学广告学院）、中国商务广告协会、IAI国际广告研究所创办，是在"IAI年鉴奖"基础上升级而来的，目前已成功举办22届。IAI是International Advertising Institute的缩写，奖项英文统称IAI AWARDS。"传"为传承之意，"鉴"为赏，做鉴证之意。IAI传鉴的宗旨是"推动广告及品牌可持续发展"。

<<< 第三章 广告创意趋势解析

IAI AWARDS
第22届IAI传鉴国际广告奖
旅游 体育 电商 母婴 汽车 金融 医疗健康

图1 IAI 传鉴 logo[①]

中国传媒大学教授、IAI 传鉴主席丁俊杰表示，IAI 从 2000—2020 年，它的基因是留存广告人的智慧，以年鉴作为核心概念开始设立奖项，到搭建行业平台，在这 20 年里聚集了众多朋友。这 20 年来或许有遗憾，很多想做的事情还未完成，但更多的是欣慰、收获和快乐。从 2021 年开始的下一个 20 年，IAI 升级再出发，"传鉴"二字蕴含着极深的意义，它代表着一种力量、一种态度、一种追求、一种启迪，期待可以融入更多志同道合的朋友，发挥传鉴精神，启迪行业向上的力量，搭建一个"智"与"觉"融合的平台。

一、商米《点亮》——用科技点亮善意和希望的光芒

获得第 21 届 IAI 传鉴国际广告奖影视类全场大奖的是上海商米科技集团创作的《点亮》。这部 TVC 以 2020 年社会现状为背景，从外国商户的故事切入，展现商家面临困境，讲述老板与员工彼此之间善意相助，商米通过自动外卖接单等技术创新，与商户共克时艰、战胜困难，彰显商米的全球化和人性化。

---

① 资料来源：本章图片来源均为 IAI 传鉴官网。

图 2 商米《点亮》

世界在变，但有些事不变。通过故事达成情感沟通，让科技点亮希望的光芒，致敬每一位依然在用善意传递希望的人，商米展现出更强的企业社会责任感，让观众真切感受到商米的品牌主张"相信利他心"。广告故事感人，制作精良，情理交融。主题紧扣时代背景，将产品和受众的需求有机结合，将品牌形象与公益传播自然融合。TVC 在社媒整体播放量高达 500 万以上，精准线下触达商户量达 20 万以上，线上传播覆盖用户量达 850 万以上，充分向客户传递了品牌的价值观。

二、自嗨锅×KPL 跨界营销——聚焦圈层的电竞生态营销

腾讯广告为自嗨锅创作的《自嗨锅×KPL：用最嗨的套路，玩转电竞生态营销》获得第 21 届 IAI 传鉴国际广告奖垂直类全场大奖。自嗨锅是一款网生方便食品品牌，前期通过 KOL 等途径实现了品牌曝光度与知名度的提升。自嗨锅通过创建三级标签方法论，打通游戏电竞圈层。第一级是锁定玩《王者荣耀》的人群；第二级深刻洞察圈层，区分打游戏的人群；第三级是心灵感知层面的深度细分。借助规划游戏时刻品牌化、游戏流量私域化、战队合作共创化、品牌 IP icon 化的四个电竞营销"嗨"套路，实现自嗨锅 KPL 联名产品爆卖、私域小程序流量爆棚、战队直播间粉丝爆赞。

图3　自嗨锅×KPL：用最嗨的套路，玩转电竞生态营销

品牌深刻洞察 Z 世代年轻用户，聚焦最契合品牌属性的圈层——电竞圈层，以《王者荣耀》官方职业赛事 KPL 作为营销载体，食品与电竞行业跨界联动，匹配品牌营销需求，以消费者最感兴趣的方式，集中发力电竞生态营销，高效提升品牌参与度、美誉度和培养消费者的消费习惯。

三、奥利奥×周杰伦×天猫超品日的"心"玩法——情怀和情感塑造品牌 IP

蓝标传媒为亿滋中国策划的《奥利奥×周杰伦×天猫超品日：玩心不变，玩出无限》获得第 21 届 IAI 传鉴国际广告奖案例类全场大奖。奥利奥用 50000 块饼干，化身琴键音符拼出了一场"无与伦比"的演唱会，还原了 20 年前周杰伦的经典专辑封面。借助上海徐家汇地铁站呈现的周杰伦地铁艺术展，引爆了全网的情怀回忆。以玩心为解，为品牌精神注入新内涵，鼓励人们解放天性，打破生活的条条框框，放开玩，和奥利奥一起用好玩的方式打开每个普通的生活时刻。倡导爸爸要更多地陪伴孩子，让爱永不缺席。

长期的品牌塑造使奥利奥变成了一种构图元素，形成了品牌资产，并让更多的消费者产生记忆。奥利奥用创意展现玩心，以情感为核，让情怀落地，打造奥利奥超级大 IP。

四、中国银联"稻梦空间"——基于 3D 裸眼技术的公益场景传播

申通德高为中国银联"云闪付"创作的《稻梦空间》获得第 21 届 IAI 传鉴国际广告奖平面及其他类全场大奖。中国有 15 亿亩盐碱地，让盐碱地变良田绝非易事。银联将"稻田"搬进了上海最为繁忙的站点之一的徐家汇地铁站三线换乘通道内，通道地面采用裸眼 3D 式的海水稻地贴、两边稻米的展示柜以及两侧巨型投影，营造出逼真的稻田场景，让人身临其境。展柜上还放置了不少福袋，可将银联千亩盐碱地试验田种植出的稻米放置其中。

围绕公益主题，结合地铁环境因地制宜，将裸眼 3D 技术与稻田场景结合，让乘客们切实了解种植海水稻的不易，吸引乘客通过手机云闪付扫码支付 1 元钱，获得极具纪念意义的一份海水稻米，鼓励人们加入"一块造福中国"的公益行动中，有效传播了企业形象与公益理念。短短一周内，超过 40 家媒体对此事件进行了报道，线上相关讨论话题阅读量超过 700 万。

图4　中国银联《稻梦空间》

五、日产轩逸×小米，为幸福撑腰——跨界联动打造爆款的破圈营销

小米营销和省广集团为日产轩逸创作的《为幸福撑腰》获得IAI汽车营销奖金奖。新轩逸洞察我国30~40岁的人群中有近六成受颈腰椎病的困扰，久坐族成腰椎病重灾区的痛点，联合小米跨界创造黑科技爆品，借助有品平台的影响力和生态链企业的产品力，以城市白领"撑腰"的腰靠为突破口，通过联名腰靠，将轩逸汽车驾驶场景延伸至家居办公场景，诠释新轩逸"舒适人体工学沙发"的技术优势，为消费者打造"人体工学腰垫"和王牌舒适体验。

跨界联动营销，再加上小米完善的全域流量与创造的热点事件的加持，强化了新轩逸在受众圈内"幸福家轿"的形象，成为家庭用户的幸福首选。

六、TIFFANY×小米，无可 T 代——"AI+OTT"全链路营销

由小米营销和蔚迈为 TIFFANY 创作的《TIFFANY×小米，无可 T 代的"AI+OTT"全链路营销》获得第 21 届 IAI 传鉴国际广告奖智慧营销金奖。TIFFANY 全新的品牌 TVC 等视频，利用小米 OTT 这一与 TIFFANY 高度契合的大屏触媒，独家创意开机，独家原生展现，迅速吸引了大量人群的关注。以语音互动的形式为品牌带来了真实声量，并开创性地在电视端植入 Brand Home，打造了大屏端品牌公众号，实现了用户的深度卷入，这些都起到了很好的传播效果。

小米结合自身 AI 能力和 OTT 系统级能力，完成 OTT 媒介 AI 化升级，推出 AI 开机加品牌号的全新营销模式，让大屏成为链接新生代的又一"秀场"，实现 TIFFANY 品牌人群资产定量化、链路化运营。官网搜索趋势和浏览趋势大幅提升，为 TIFFANY 的大屏传播带来巨大声浪。

七、温情故事与产品深度契合，技术驱动与跨界营销联动

评审主席上海师范大学广告学教授金定海表示，有一个动人也很温情的作品——《开心就好》，是一个微电影，故事讲得比较充分，主要是讲男主人的妻子生病了，几乎是植物人都没有希望了，男主人还去借钱，然后去唤醒妻子，唱妻子熟悉的歌。从和产品的结合度来说，并不是讲一个温情的故事和产品的结合度不多，反而是特别的契合，在评审过程当中，笔者遇到了很多相似的故事，但是和那些主攻形式和技术的

案例相比，它既有人性的那些内涵，又有一些深度的洞察。将公益传播与企业形象营销紧密结合，也是一个重要趋势。

从 2021 年评审案例来看，技术创新类和跨界融合类报的案例相比之前有所增加。品牌对于新媒体像竖视频的运用愈加成熟。技术应用方面，不仅国内品牌，还有很多国际大品牌都在用新技术驱动营销。VR、AR、AI、IOT、区块链等技术在营销中的应用越来越多。去年爆红的"元宇宙"、虚拟数字人、NFT 等势必成为创意趋势，越来越多的企业开始重视品牌的虚拟营销。诸多品牌对于圈层人群的细分也越发精准，并进行跨界联合营销。

八、IAI 传鉴国际广告奖：在传承中创变

2019 年，IAI 国际广告奖将体育营销、电商营销、母婴营销、汽车营销、医疗健康、金融营销垂直领域单独并列出来，和已经举办了 3 届的 IAI 旅游营销奖一起升级成为垂直行业奖项，这是基于各个垂直行业营销的差异性而调整的；2020 年，IAI 特别发起了战"疫"公益作品征集活动，评选、鼓励公益广告创意；2021 年，在广告作品组、营销案例组、垂直行业组、公司人物组类别基础上，增加了中插片、短视频营销、MCN 营销等类别，聚焦行业热点；2021 年，由 IAI 传鉴创意发起，大西洲技术支持的全球首家作品量最多的虚拟现实广告展馆——传鉴国际虚拟现实广告展馆在云端落成，并成功获得"吉尼斯世界纪录™"称号，数字营销时代，AR 和 VR 是重要的技术手段。

图 5　传鉴国际虚拟现实广告展馆

在"万物皆可元宇宙"的时代，虚拟数字人链接了现实人群与元宇宙场景，开启了元宇宙营销。近期，IAI 传鉴中国"元宇宙计划"之超写实数字人即将面世，此次名字征集引起广大网友的积极响应和热议。传鉴超写实数字人采用超写实的方式呈现，形象洒脱飘逸，她的问世是 IAI 在广告营销平台领域的探索，其未来发展有很大的想象空间，尤其和传鉴国际虚拟现实展馆、2022 年传鉴国际创意节（IAIFESTIVAL）等场景相结合，与诸多品牌一起探索广告营销的元宇宙。

IAI 传鉴国际广告奖，连续 21 年出版 IAI 广告作品年鉴，在国内外广告行业颇为少见。IAI 是记录、传承和坚守，更是趋势、未来和创新。正如中国传媒大学副校长张树庭教授所言："翻阅 IAI 年鉴，如同走进这 20 年巨变的时代画卷。无数广告营销人的努力，无数件作品汇集在 IAI 年鉴中，日积月累，让社会感受到营销广告行业的尊严，看到广告营销人创造的价值。这是《IAI 年鉴》不可磨灭的专业价值。"IAI 构建了一个行业生态架构，整合了诸多资源力量，致力于打造一个优质奖项评选平台、垂直行业促进平台，秉承行业初心，以专业匠心精神、行业标准和宽广格局为品牌营销传播行业赋能。

从中国到全球，不少奖项出现了过度"商业化"。IAI传鉴认为，奖项更多的是一种情怀，一种责任，"众人拾柴火焰高"的IAI奖杯设计概念很好地阐释了这一立场。IAI传鉴国际广告奖执行主席刘广飞说："IAI无法停止跳动，它只能向前，因为肩负的责任重，包括团体，包括社会。它不是个人的奖，所以我们更有责任将它做好。"

一奖风行20年，以创意传鉴中国。道阻且长，行则将至；行而不辍，未来可期。

图6 传鉴中国超写实数字人

参考文献：

[1] IAI传鉴国际广告奖. 第21届IAI传鉴国际广告奖（2021）[EB/OL]. IAI传鉴中国，2021-11-15.

[原文刊发于《中国广告》，2022年第5期，合作者：赵娟，传鉴（中国）有限公司执行长]

第三节　突发公共卫生事件中公益广告叙事策略研究
——以 CCTV 新冠肺炎疫情防控公益广告为例

2020年春节前夕，一场突如其来的新冠肺炎疫情暴发了，这次疫情是全球的传染疾病和重大突发公共卫生事件。与其他国家紧张局面相比，中国本土疫情在政府和全国人民的共同努力下得到良好控制。与其他主题的公益广告不同，突发公共卫生事件中的公益广告更是不同寻常、意义非凡。在这场抗击新冠肺炎疫情的战"疫"中，我们既要抗击疫情，又要引导舆论防控疫情，而公益广告就是重要的武器和传播方式。

一、突发公共卫生事件与公益广告

（一）突发公共卫生事件

《突发公共卫生事件应急条例》中，将突发公共卫生事件定义为：是指突然发生，造成或者可能造成对社会公众健康严重损害的重大传染病疫情、群体性不明原因疾病、重大食物和职业中毒以及其他严重影响公众健康的事件。

（二）公益广告

公益广告，是为社会提供免费的广告服务与活动，带有明显的公益性质，具有非营利性质。常见的公益广告主题有戒烟、节约粮食、保护树木、关爱留守儿童、反对家庭暴力、警惕网络暴力等。公益性、通俗性、非营利性等是公益广告的特点。公益广告的最大特征就是公益性，即为公众利益服务，不是为个人、企业和政治团体服务的。商业广告以盈利为目的，主要用于宣传企业和产品。公益广告是面对所有社会大众，通过倡导的理念、观念和价值观影响人们，它的目的是社会效益，而并非经济效益。公益广告与商业广告以及含有弘扬社会正能量的企业广告有着根本的区别。公益广告是价值观和社会正能量的体现。公益广告要符合大众审美，关注民生，体现大众心声和呼声。公益广告的语言要通俗易懂，观众易于理解和接受，形式简单，易于记忆和传播。

（三）突发公共卫生事件中公益广告的传播价值

突发公共卫生事件会给人们日常工作和生活带来严重破坏，也对人们的身心健康造成一定影响。公益广告作为一种重要的信息传播方式，无论是传统的户外、电视、报刊、广播，或者是微信、微博、抖音、B站等新媒体，公益广告在突发公共卫生事件中，都起到与以往任何主题公益广告不同的重要作用，具有特殊的传播价值。疫情初期，社会上出现的一些谣言、谎言会通过人际及互联网广泛传播，因此突发公共事件时的信息透明公开非常重要。

公益广告作为一种重要的文化，影响着人们价值观的形成。尤其在突发公共卫生事件中，公益广告的传播价值主要体现：对于国家重大决策的宣传解读，引导舆情舆论，普及防疫知识，将准确科学的信息传达给公众，能够规范公众的社会行为，深入报道各地疫情防控经验，广泛宣传一线医务工作者的感人事迹，弘扬正能量，传播真善美，推动社会主义精神文明建设，维护社会的正常秩序，促进社会正常有序运转等。

二、国内新冠肺炎疫情防控公益广告概况

（一）国内新冠肺炎防控公益广告

在抗击新冠肺炎疫情的过程中，各级政府机构、企业、媒体、广告公司创作了大批的公益广告，借助传统媒体以及新媒体平台进行广泛传播，展现抗疫一线医护人员勇敢逆行、救死扶伤等感人事迹，起到普及防疫知识、疏导心理、鼓舞士气的重要作用。

据国家广播电视总局相关部门统计，仅 2020 年 1 月 25 日至 31 日 7 天，全国总共制播近 3 万条防控疫情主题广播电视公益广告，在全国各级广播电视台播出超 400 余万条次，新媒体平台刊播公益广告点击量累计约 2 亿次。国家广播电视总局从各地选送的 600 余件公益广告中，精选 68 条优秀作品，收入"全国优秀公益广告作品库"，截止到 2 月 25 日，全国各级播出机构和新媒体平台下载总量近 10 万次。同时，中国广告协会、国家卫健委联合举办了规模空前的"抗击疫情公益广告行动"，来自全国 313 个城市的 400 多家广告公司积极参与，在 120 万个以上的广告点位发布了公益广告，刊例价突破 20 亿元。这些公益广告点亮全国百万户外广告点位、机场、车站、城市中心、公共交通等。湖南卫视、广东卫视、山东卫视等各省市级媒体也积极制播抗击疫情的公益广告。[①]

疫情发生初期，国家卫健委和中国广告协会等机构策划制作了新冠肺炎疫情防控公益广告，禁食野生动物公益广告，以及联合影视明星进

---

① 中国视听大数据 2020 年 3 月公益广告播出和收视分析 [EB/OL]. 中国视听大数据，2020-04-20.

行战"疫"行动的公益广告。2020年2月,国家卫健委与中国广告协会,在2020年公益广告黄河奖(中国知名公益广告奖项)设立"抗击疫情"专项奖,并向全社会进行公益作品征集,鼓励大家积极参与到新冠肺炎疫情防控公益广告作品的创作中,以创意助力战"疫"。作品类别包含平面类、音频类、视频类、公益创意营销类及公益营销效果类。此次活动共征集作品近6000件,经过初审、终审,最终有90件优秀作品获奖。

据"中国视听大数据"(CVB)统计,2020年3月,17个央视频道和34个地方卫视综合频道共播出914个公益广告,累计播出101081条,平均每天播出3261条,为近半年来的播出高值。公益广告以其独特的内容和形态、直奔主题的表现方式,在疫情防控、复工复产、脱贫攻坚等重大主题宣传方面发挥了重要作用。2020年3月播出频次前50的公益广告中,有31个疫情防控公益广告,占比58%。[1]

新冠肺炎疫情防控公益广告创作方面,出现多种媒体形式、多种创意方式、多个叙事故事。国家广播电视总局、国家卫健委、疾控局、国家发改委等部门与全国各级广播电视播出机构策划刊播了大量抗击新冠肺炎疫情的公益广告。制作主体从最初的以广播电视播出机构为主,发展到各新媒体平台和各节目制作机构,以及各社会机构、团体、个人和积极响应的知名人士,创作出许多脍炙人口的公益作品。

(二)CCTV新冠肺炎疫情防控公益广告

疫情发生时,作为中国覆盖面最广、拥有强大影响力的国家级电视

---

[1] 中国视听大数据2020年3月公益广告播出和收视分析 [EB/OL]. 中国视听大数据,2020-04-20.

平台——中国中央电视台（以下简称CCTV或央视），积极发挥主流媒体的责任与大台担当，积极创意策划播出各种疫情防控公益广告。2020年春晚，央视推出《以信心筑牢防疫安全线，以大爱守护平安中国年》等4支公益广告，在该则广告中，告知人们"国家启动重大公共卫生突发事件一级响应，14位专家组成联防联控工作机制科研攻关专家组，多地医护人员主动请战，驰援一线"，提醒社会公众要"加强自我防范，少聚集，戴口罩，勤洗手，多通风"。

2020年除夕之后，央视播出《科学防疫篇》和《向医护人员致敬篇》防控公益广告，在央视17个开路频道安排播出，截至2020年2月4日，共计播出1372次，累计64895秒。央视还联合社会力量，充分利用多个网络平台和其他媒体，形成宣传合力，目前公益广告宣传已覆盖235个城市，31个省和自治区，在新浪微博、微信视频、百度百家号等多个平台点击量近100万，评论逾千条。2月8日元宵节推出《战疫情》，截止到2020年2月25日，在全国80个城市、40万块数字大屏上播放公益广告，每天触达受众超过1亿人次。①

《依法防控是最有力的武器》《野生动物保护篇》《白衣天使》，这3个疫情防控主题公益广告在2020年3月继续拥有较大的投放量，均覆盖17个以上的卫视频道，平均每天的播出量均超100次。复工复产主题公益广告《新型冠状病毒肺炎疫情心理调适指南返岗工作人员心理调适》在30个卫视频道累计播出579次，是2020年3月覆盖频道数

---

① 中国视听大数.2020年3月公益广告播出和收视分析［EB/OL］.慧聪网，2021-07-10.

最多的公益广告。①

新冠肺炎疫情时期，14亿中国人民团结一心、众志成城、全力战"疫"，谱写了许多可歌可泣、感人至深的战"疫"故事。央视作为国家主流媒体，先后策划播出了《向医护人员致敬篇》《白衣天使篇》《科学防疫篇》《法制保障篇》《中国速度篇》《野生动物保护篇》《礼物篇》等新冠肺炎疫情防控公益广告，号召全国人民众志成城、战胜疫情。通过公益广告向大家科普防疫知识，弘扬正能量，传递战"疫"精神，为抗击新冠肺炎疫情做出了应有的贡献。

三、CCTV新冠肺炎疫情防控公益广告主题类型

此次CCTV新冠肺炎疫情防控公益广告的主题类型，从科学防疫知识，到依法防疫、关爱医护人员、保护野生动物、战"疫"故事等，传播各有侧重。依据新冠肺炎疫情防控阶段和主题的不同，CCTV新冠肺炎疫情防控公益广告划分为以下六种主题类型。

（一）歌颂人物类

歌颂人物的公益广告作品中，呈现了钟南山等典型英雄人物战"疫"故事，歌颂了勇敢逆行奋战在抗疫一线的医护工作人员的伟大精神。代表作品有《向医护人员致敬篇》《白衣天使篇》等。

《向医护人员致敬篇》是时长30秒的宣传片，展现了来自全国各地支援武汉的医护工作者的感人事迹和瞬间。文案"你们是白衣天使，

---

① 央视广告经营管理中心. 万众一心战疫情 中央广播电视总台推出多支公益广告片[EB/OL]. 央视网，2020-02-07.

健康卫士。面对疫情，你们坚定信心，挺身而出，用生命和职责守护我们的平安，是我们的依靠，更是祖国的骄傲……"致敬和歌颂了医者仁心、救死扶伤的白衣天使，鼓舞了医护人员和全国人民抗击新冠肺炎疫情的士气。奋进的音乐，铿锵有力的画外音——"让我们众志成城，共渡难关！武汉加油！中国加油！"激励着全国人民战胜新冠肺炎疫情的决心。

图1 《向医护人员致敬篇》

（资料来源：CCTV）

《白衣天使篇》首发于2020年9月7日，时长3分钟，真实记录了在抗击新冠肺炎疫情的战"疫"中，医护工作者勇敢逆行、无惧危险、全力支援武汉以及与病魔战斗的感人故事。在这场艰苦卓绝的战"疫"中，不少来自全国的医护工作人员主动请战，这些白衣天使每天和时间赛跑，与病毒激战。《白衣天使篇》歌颂了美丽的"白衣天使，大爱人间"，颂扬了中国医生和中国精神。

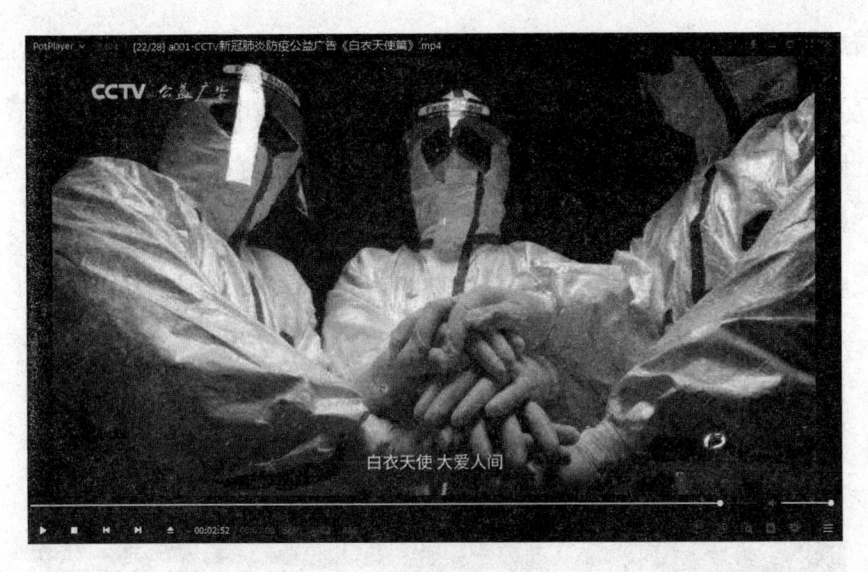

图 2 《白衣天使篇》

(资料来源：CCTV)

(二) 防疫科普类

新冠肺炎疫情发生突然，加上民众对新冠病毒的不了解、疫情大面积的传染，引发不少民众的恐慌，因此防疫知识的普及，在新冠肺炎疫情时期显得十分重要和必要。央视推出的防疫科普类公益广告，从科学的角度指导民众预防新冠肺炎，普及日常生活中的病毒防护、饮食运动等知识，《科学防疫篇》是其中的代表作品。

《科学防疫篇》，时长 30 秒，通过画外音讲述和镜头中医生及普通百姓的人物示范，以"净"为主题，希望大家要做到净空气、净口鼻、净手眼、净心神的"四净"，倡导勤开窗、戴口罩、多洗手、多运动、不聚众的科学预防新冠肺炎疫情的方法，并在画面中用大而醒目的字幕提示每个环节需要注意的细节和量化指标，对普通民众日常生活中预防新冠肺炎疫情知识进行科普。在旁白文案表述方面,以非常贴近生活的方式和舒缓语气告诉大家"别怕、别慌、别急、别停","科学抗疫情,健康你我他"的广告语,强调了科学抗击疫情的重要性。防疫科普类公益广告作品,对民众防疫知识及注意事项的科普,对新冠肺炎疫情恐慌心理的疏导,有利于民众保持身心健康,更有利于社会的稳定。

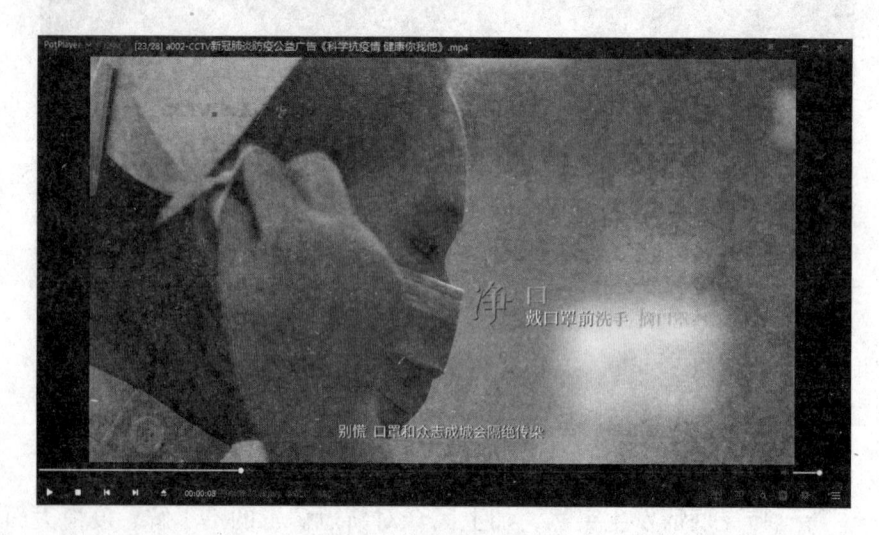

图3 《科学防疫篇》

(资料来源:CCTV)

(三)平凡故事类

在央视抗击新冠疫情公益广告作品中,除了展现钟南山等典型英雄人物的抗疫事迹,还涌现出许多普通人物和他们平凡的战"疫"故事。这种平凡故事类作品,以写实场景和纪实方式呈现了许多感人瞬间,代表作品是《礼物篇》。

《礼物篇》通过孩童独特的视角,用纯真的声音讲述那些奋战在抗击新冠肺炎疫情一线最可爱的人——他们的父母，其中有医生、交警、建筑工人、厨师、志愿者、菜农。他们奋战在医院里、街道上、工地中、厨房里、社区里，他们是百姓心中勇敢逆行、无惧病魔的战士，也是孩子心中的牵挂。疫情当前，这些平凡的普通人奋战在一线，与病魔展开斗争，在抗击新冠肺炎疫情战"疫"中做出了不凡的贡献，他们虽岗位不同但有着一个共同的称呼——"父母"。平凡故事类公益广告的故事简单、质朴、接地气，却有着感人至深、动人心弦的力量。

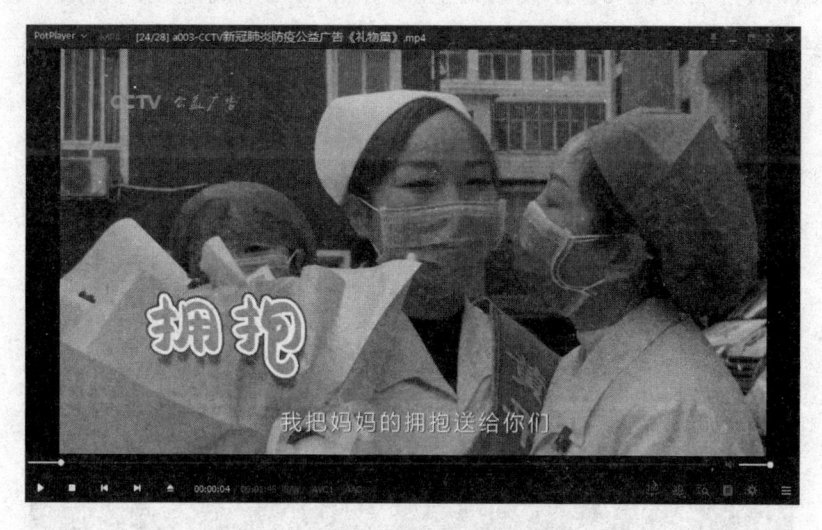

图 4　《礼物篇》

（资料来源：CCTV）

（四）保护野生动物类

在大自然中，人和野生动物都是平等的生命，共同生存于地球上。因此，央视策划播出了《野生动物保护篇》。

影片中镜头尽现自然的美、物种的美、地球的美、和谐的美。同时也呈现了当下的窘境：每时每刻，都有不同的野生动物，因为一些人的欲望和需求而被杀戮，这些人为了自己一时的口腹之欲，却让更多人处于危险之中。作品传达了"保护野生动物就是保护我们自己"的公益理念。

这则公益广告警示我们：野生动物不应该成为人类的桌上佳肴，更不该被当作商品进行交易。我们要禁食野生动物，严格执行《中华人民共和国野生动物保护法》，禁止非法野生动物交易！"让人类的小家幸福团圆，让万物的大家和谐共生。"影片结尾处的这句广告语，彰显了天人合一、人与自然万物和谐共生的哲学观和价值观。

图 5　《野生动物保护篇》

（资料来源：CCTV）

（五）法律告诫类

疫情防控期间，央视推出了以《依法防控篇》为代表的法律告诫类新冠肺炎防疫公益广告。

《依法防控篇》通过展现新冠肺炎疫情防控期间街头、医院、捐赠物品运输、信息发布等各个日常场景，体现了严格依法防控的重要性。广告体现了"依法防控是最有力的武器"的法制公益理念。法律告诫类公益广告，向民众宣法普法，加强守法意识，是公益广告担负的社会责任，也是这次战"疫"作品中重要的主题方向。

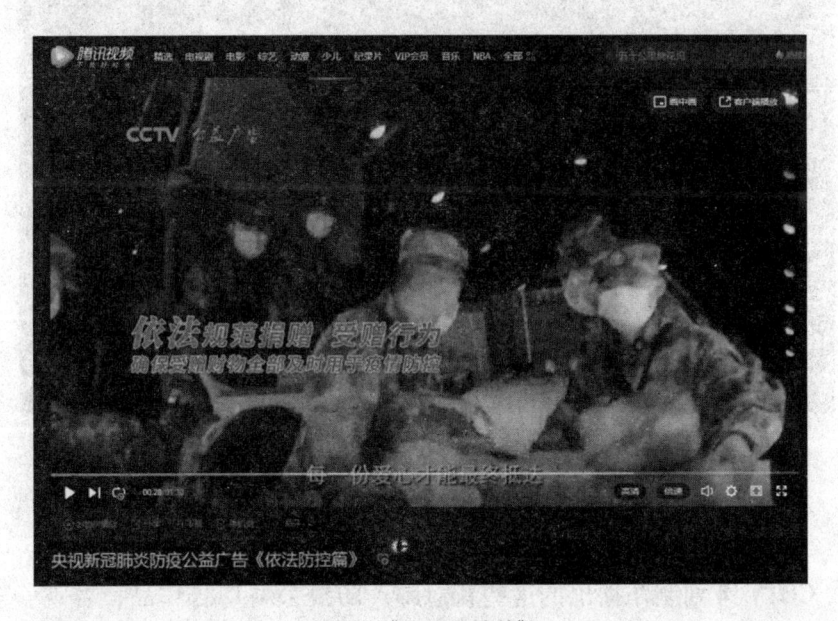

图 6 《依法防控篇》

（资料来源：CCTV）

（六）战"疫"进程类

战"疫"过程中，也涌现出一些体现中国力量、中国精神、中国效率的重大事件。《中国速度》是 CCTV 战"疫"进程类公益广告的代表作品。

《中国速度》以纪实和数字例证的方式，真实再现了中国人抗击新冠肺炎疫情的战"疫"进程，广告中的"爱，点燃中国速度"这句广告语起到了点睛之笔和情感升华的作用。CCTV 的《中国速度》凸显了中国力量，彰显了中国精神，体现了中国速度。

图 7 《中国速度》

（资料来源：CCTV）

CCTV 策划制作播出的这些新冠肺炎防疫公益广告作品，客观、全面、多维、生动地讲述了防疫抗疫一线的感人事迹，深入宣传了国家防疫政策，充分报道了各地区疫情防控措施成效，广泛普及了疫情防控知识。央视借助新冠肺炎防疫公益广告，讲述中国抗疫故事，体现了中国精神，鼓舞了战"疫"士气，做出了国家主流媒体应有的贡献。

四、CCTV 新冠肺炎防疫公益广告叙事策略

叙事主要指讲故事的方法，利用时间与空间，用最具吸引力的方

式，把故事的核心内容讲出来。好的叙事方式要生动自然、扣人心弦、独具特色。电视广告具有明显的叙事性特点。叙事策略在突发公共卫生事件的电视公益广告中起着至关重要的作用。不同时长的电视公益广告有不同的侧重，30秒偏重概念的表达，60秒要有人物呈现，90秒要有故事讲述。CCTV新冠肺炎防疫公益广告的叙事策略具有其自身的特点。

（一）真实故事，独特情节

电视广告叙事中，故事能够激发消费者的情感，公益广告更是如此，故事是公益广告得以成功的关键与不二法宝。通过广告创意表现，将实物转化为广告的能指，人物、表情、动作、心态等场景化的符号，以故事的叙述方式直接作用于消费者内心，实际上是强制消费者接受电视广告中所制造出来的场景和仪式。①

重大突发公共卫生事件中，新闻性和真实性是公益广告的基本功能，CCTV新冠肺炎防疫公益广告与以往相比，其故事和素材基本上都来自抗疫一线。真实的故事，独特的情节，"真人、真事、真情"，让公益广告具有很强的纪实性和超强的艺术感染力。

公益广告传播主流价值观和正能量，要注重故事的客观性和人物的真实性，突发公共卫生事件中的公益广告更是如此。不同于常规公益主题的广告创作可以使用幽默搞笑等轻松的方式，突发公共卫生事件的公益广告应该避免幽默化创作，否则会造成误读和不严肃的感受，影响媒体公信力。央视新冠肺炎防疫公益广告以真实故事为原型，强调真实性

---

① 崔晶. 从"平民视角"出发 [EB/OL]. 参考网，2021-07-10.

和客观性，情节独特而富有吸引力。

（二）平民视角，自然讲述

视角，即叙事语言中用什么样的角度讲述故事。同样的故事用不同的视角讲述，有截然不同的效果。电视广告是视觉和听觉的综合叙事。平民视角，就是以普通人的立场去关注普通人生活中的故事及情感。平民视角叙事、平民化拍摄手法往往可以将典型人物塑造得更加生动可爱、亲切真实，也更容易获得观众的认可。央视新冠肺炎防疫公益广告的叙事视角并非高高在上，更多的是以平民视角讲述抗击新冠肺炎疫情一线的真实故事。

央视新冠肺炎防疫公益广告的平民视角叙事不是高高在上，也不是刻意营造"平民"观感，而是从观者内心出发，自然地讲述，用充满人文关怀的镜头语言去表现普通战"疫"人员的工作场景、真实生活和内心感受。从平常人的立场出发走进平凡人物的内心世界，观众才会在真情实感的氛围中感受到真诚，并与影片表达的内容产生共情、形成共鸣。以平凡创造不凡，以真实彰显真诚。

央视新冠肺炎防疫公益广告，从"平民视角"叙事策略出发，以平视的角度，充满诚意地自然讲述，形成"平民信仰"，让故事充满张力和感染力，产生震撼人心、摄人心魄、直指人心的力量。真实故事、独特情节，是央视新冠肺炎防疫公益广告重要的叙事策略和创作调性。

（三）情理交融，以情动人

情感与人类文化传承、社会价值观密切关联，具有相对稳定性。人有七情六欲，人类的基本情感包含亲情、友情、爱情、爱国之情等。感性诉求和理性诉求是广告中经常使用的方式。在公益广告中，情感诉求主要是指广告通过感性的情感方式，传递友情、亲情、爱情，实现创作者与观者在某种情感上的共鸣，从而达到传播理念和价值观信息传达的目的。感性诉求存在不够理性、说服性不强等缺点；理性诉求存在乏味、生硬、不够动人等缺点。情理交融就是将感性诉求和理性诉求相互融合，"动之以情，晓之以理"，情理交融，既能以理性诉求传达客观信息，真实可信，又能以感性诉求打动消费者，以情动人。

五、结语

在抗击新冠肺炎疫情的战"疫"中，14亿中国人万众一心、同舟共济、众志成城，同疫情进行顽强斗争。CCTV新冠肺炎防疫公益广告在稳定社会舆情、舒缓大众焦虑、科学防护病毒的同时，也彰显了中国人民深厚的家国情怀、坚韧不拔的顽强意志，展现了中国力量、中国精神和中国效率。它以平民视角向全球讲述了在中华大地感人至深的中国故事、真实故事，自然讲述、情理交融、以情动人，充分体现了CCTV国家主流媒体的责任担当。本文以2020年CCTV策划制作播出的新冠肺炎防疫电视公益广告为例，对新冠肺炎防疫公益广告的主题类型与叙事策略进行分析，具有一定的典型性和代表性，但仍有不足之处，个别作品中也出现了说教生硬、画面粗糙等问题，期待相关研究在未来有进一步的拓展空间。

第四节　情景交融，虚实结合
——广告传播中的环境媒体创意

广告是企业、产品与消费者之间的重要桥梁，随着传播环境的复杂多变和信息的海量化，许多广告被淹没在浩瀚的信息海洋中，传播效果不尽如人意。"注意力"经济和体验时代的到来，使极具表现力的创意形式对于广告传播尤为重要。环境媒体创意则在传统广告媒体和新的传播环境中表现出很强的吸引力，带给消费者更多的趣味互动和情感体验，为企业的品牌传播带来新的空间。

一、环境媒体及其发展状况

"环境媒体"即"媒体创新"，源自英文"Ambient Media"。马克·奥斯汀认为环境媒体就是适合传播广告信息的，可以用于书写、上色、悬挂的东西，以及任何你可以用来传递品牌联系的东西。笔者认为，所谓的环境媒体创意，是指以传播特定的信息为目的（包括但不限于广告），利用传统媒体、新媒体以及生活中的物品、环境及载体，将信息与环境巧妙融合，强调受众的感受体验，并具有一定互动性的，诉诸视觉、听觉、触觉、嗅觉、味觉或综合性的创造性表现形式，具有互动性、体验性、情景式等特点。

图1是英国Addirect公司推出的Add mirror，它将公共洗手间的镜子当作播放动态的广告图片的媒体。图2是OLAY特制的时钟媒体创意，将钟表悬挂于一些酒店大堂之上，其他所有时钟都以正常顺序走

动,只有 OLAY 时钟上的数字顺序是相反的,表现出"让时间倒流,抗衰老"的核心概念。

图1 镜子媒体 Add mirror   图2 OLAY "时间倒流"钟

"环境媒体"的出现相对较早,只是在近几年才被广告业重视和应用起来。D&AD 设计奖、戛纳、One Show 等国际广告奖、"时报金犊奖"都设有"环境媒体"创意奖项。"环境媒体"广告在国外应用较广,而在国内应用相对较少,或者只是小范围的应用。

二、环境媒体创意的类型

"环境媒体"就目前发展来看,大致分为以下两类。

(一)传统媒体创意

传统媒体创意指在传统媒体如报纸、杂志、户外等形式上的融合和创新。图3是某不粘锅的户外媒体创新广告,将广告中的产品与地面上的"煎蛋"形成呼应,夸张表现产品"不粘"的特性。图4是麦当劳的交互式户外广告牌，融入了拼图游戏的形式，吸引了不少候车的人参与互动。这类媒体创意大都结合传统媒体各自的特点，将产品信息与载体巧妙融合，这是传统基础上的创新。

图3　不粘锅户外广告　　　　图4　麦当劳"拼图"交互式户外广告

（二）物品与环境类媒体创意

手提袋、楼梯、插座、门眼等我们司空见惯的物品、生活空间和环境都有可能成为"环境媒体"。图5的"必理痛"媒体广告创意利用药房派发的纪念品，将患者头痛时的表情与载体结合，提示消费者"必理痛"能有效舒缓各种头痛。图6是Jeep停车位环境媒体创意，Jeep将停车位置于阶梯上，突出强调其卓越的越野性能和独特的品牌精神。图7是某保险公司的环境广告创意，楼梯口与其虚化的贴图并置，将前途的渺茫与清晰的前景对比，传达出与众不同的视觉形象和深刻记忆点，标题"想看清楚前景，就与我们一起计划将来"点明广告主旨。

<<< 第三章 广告创意趋势解析

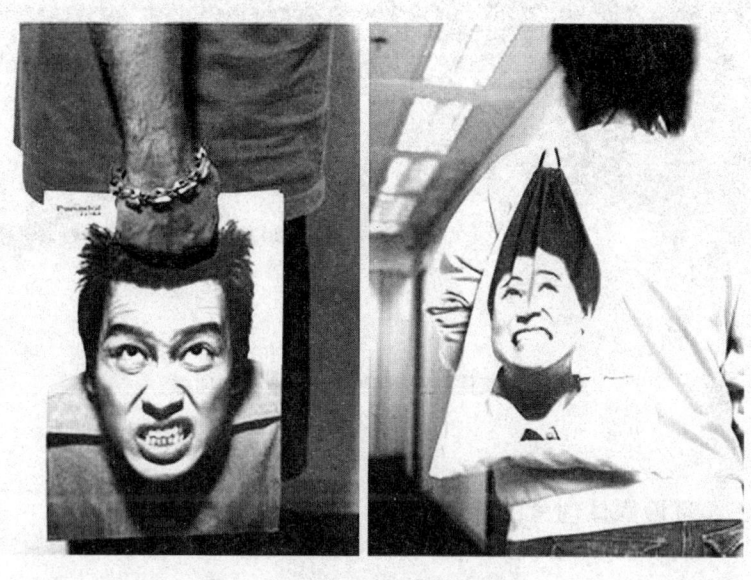

图 5 必理痛系列环境媒体创意

图 6 Jeep 停车位环境媒体创意

101

品牌信仰：构建强势品牌的营销新论　>>>

图7　某保险公司楼梯口环境媒体创意

三、环境媒体创意的特点

（一）情景式

情景式是环境媒体最具代表性的特点，通过对要传达的广告主题升华、提炼，结合受众的行为习惯，进行广告形式的设定，并将其置于特定的情景中。图8是国外"戒烟"的环境媒体公益创意，利用贴图将墓坑与吸烟室巧妙结合，强调"吸烟导致死亡"，将空间场景、环境与广告信息巧妙结合，通过夸张与幽默的形式表现，使其具有很强的视觉冲击与震撼力。图9是将DM信封与鲨鱼鳍巧妙结合，当读者按照提示打开信封后，已经在不经意间屠杀了一条鲨鱼，逼真的效果与读者的互动，体现了该地区非法"捕鲨"的随意性和严重性，呼吁大家停止捕鲨。

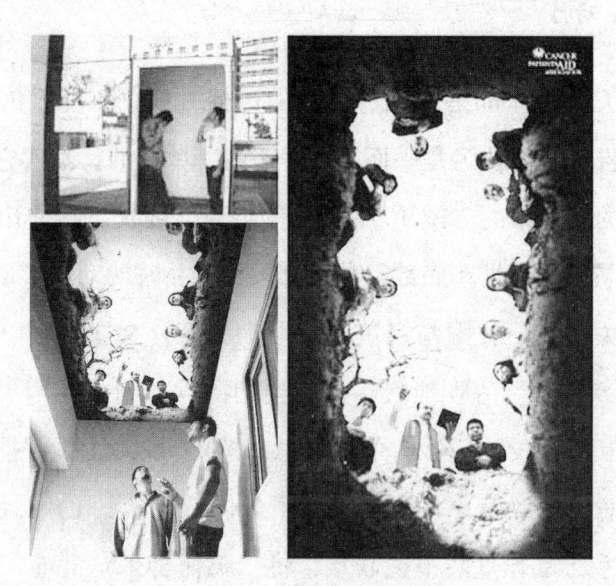

图 8 吸烟处戒烟环境媒体创意

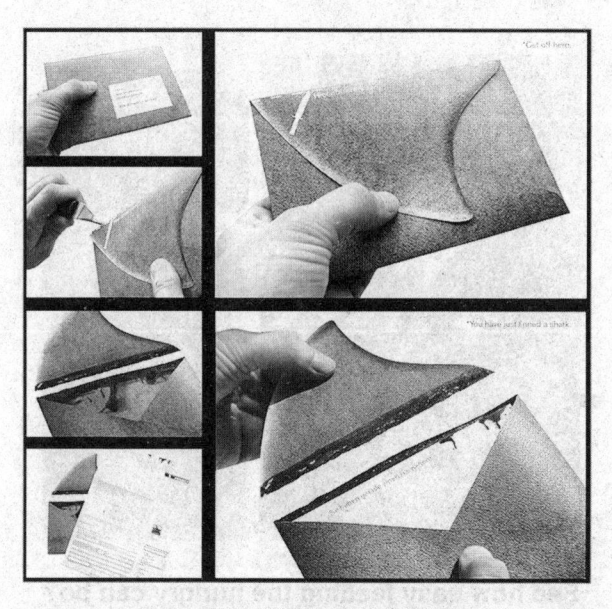

图 9 停止捕鲨的 DM 媒体创意

(二) 互动性

传统的大众媒体都是单项、单一的传播方式，不能及时反馈和互动。报刊广告，我们认为是平面的、静态的、单向的，其实它可以是立体的、互动的、多维的。图10，将印有处于饥饿状态、伸出双手的非洲儿童画面贴于超市推车底部，与受众放置食品时的动作形成互动，呼吁更多的人关注处于贫困与饥饿中的非洲儿童，文案"看，帮助他们摆脱饥饿其实不难"清晰地表达出广告的主旨。创意利用了载体的特点与观者的互动，设计巧妙，令人深思。图11是关注孤僻抑郁症儿童的手提袋创意。创意简单、直观，利用载体"手提"的特性与父母和孩子的"拉手"动作这两个关联点，将"孤僻抑郁症儿童"需要关怀的公益主题巧妙地表达了出来。

图10　非洲儿童公益类环境媒体广告

图 11　关注孤僻抑郁症儿童的公益媒体创意

(三) 体验性

广告只有将消费者的感受和体验融入广告传播的环境中,才能更加有效。环境媒体创意通过与受众的互动,带来直接的体验,在视觉、触觉、听觉、嗅觉、味觉等多方面感官体验上,加深了与品牌之间的情感联系。在北京798艺术区的体验馆,NIKE将品牌主张、品牌历史与消费者体验、参与和设计很好地融合在一起。图12是笔者等人为中国广告网的招聘网站创作的广告《广告人"镜像篇"》,它以镜面纸为印刷载体,选择目标受众关注度高的《广告人》杂志,结合招聘形式,通过镜面反射与受众的互动,将镜像与真实、理想与现实进行了巧妙连接。

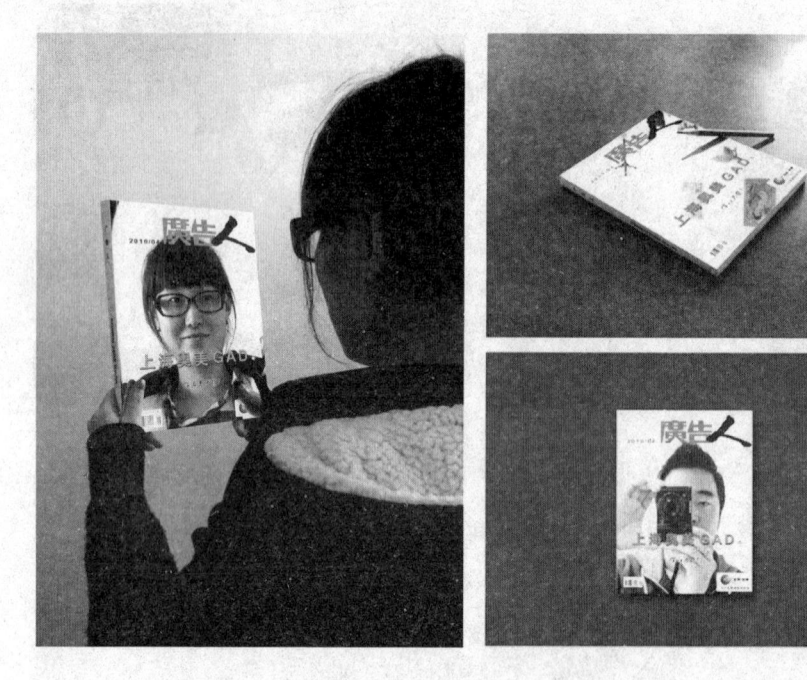

图 12　《广告人"镜像篇"》杂志媒体创意

(四) 话题性

与其他传统广告相比,环境媒体创意更能引起话题性事件,让大众自愿参与到打造品牌或者公益传播过程中,能够以最快的速度、最短的时间创造强大的影响力。图 13 的行李箱媒体创意,将比例与真人相近的女性模特道具置于透明的行李箱中,突出表现这一地区的"拐卖妇女"像买卖商品一样随意和多发,呼吁大家阻止"买卖妇女"。这一创意构思巧妙、形象逼真、形式大胆,令人深思,吸引了许多大众的关注、大量的平面媒体和网络媒体的报道,并引发了社会各界的讨论和关注。

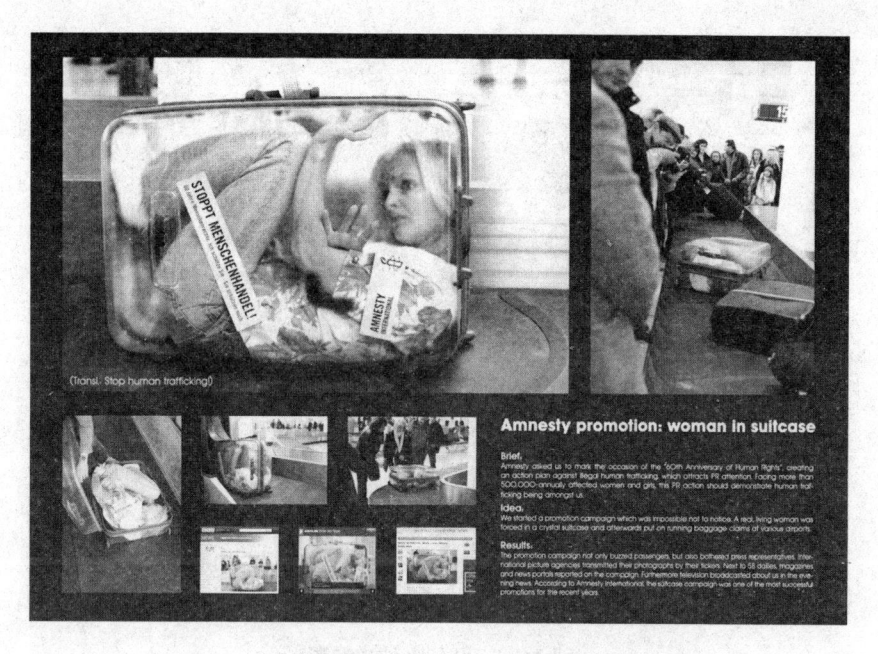

图13 "停止买卖妇女"公益主题行李箱媒体创意

（五）轰动性

环境媒体创意已经超出了载体和产品之间的静态结合，创意本身就具有很强的轰动效果，不管是旧媒体的新利用，还是产品与载体的巧妙结合，都使作品本身透露出一种极强的吸引力和辐射力，吸引了观众的眼球。环境媒体创意经常结合装置艺术和行为艺术形式，制造轰动，引人关注。图 14 是 UPS 快递制作的户外装置，该装置用木条搭建了一个飞奔中的快递员留下的模糊残影，这个模糊残影被摆放在街道、大厅甚至是屋顶上，体现了 UPS "来无影去无踪"的快速。利用装置艺术形式，将企业的核心信息进行独具创意却又合理的表达，引发许多受众的热议和媒体的竞相报道，具有很强的轰动效果和传播价值。

图 14　UPS 幻影快递装置

四、结语

广告的创意和传播不应受到传统媒体和创作思维的限制，媒体、物品甚至公共场所都可能成为创意的载体。环境媒体创意无疑为广告行业带来了一种全新的创意思维和表现形式，从广告信息的具体传播环境出发，充分考虑消费者的感受、体验，利用空间和环境中的要素来传达独特的广告信息。环境媒体创意体现出传统媒体乃至新媒体不具备的超强创意表现力与深刻信息记忆点，在广告的传播中显现出其独特魅力，是未来广告发展的趋势和必然。

参考文献：

1. ［美］威廉·阿伦斯. 当代广告学［M］. 丁俊杰，等译. 北京：

华夏出版社，1999.

2.［美］马克·奥斯汀，吉姆·艾吉森. 还有人看广告吗？［M］. 郑梭南，译. 北京：高等教育出版社，2005.

2. 张惠辛. 经典创意广告书架——4A 杰出人性创意 96 例［M］. 北京：华夏出版社，2004.

［原文刊登于《艺术与设计（理论）》，2012 年第 4 期，合作者：车俊英］

第五节　视觉之巅，幻觉之美
——浅析"视错觉"艺术的图形设计语言

艺术世界是奥妙无穷的世界，也是不断发展的世界。艺术与人性中最深层的东西息息相关，更与我们的生活休戚相关，艺术推动了人类创造的不断发展和前行。18 世纪，黑格尔认为美学的实质是"艺术哲学""美的艺术哲学"，视觉艺术则是融合了美学、哲学、设计学、心理学等不同学科知识与表现手段。

"视错觉"艺术作为一种具有很强表现力的视觉艺术表现形式，有着顽强的生命力与独特的形式感，在纯艺术、建筑、视觉传达设计中应用较广，极具视觉魅力和视觉张力。马克斯·J. 弗里德伦德尔在《论艺术与鉴赏力》讲过，"艺术乃心灵之物，这意味着对艺术的任何科学研究都将是心理学的，它虽然也可能涉及别的科学，但心理学却总是必不可少的"。可见"视错"艺术不仅涉及视觉艺术、错觉艺术，还包含心理学的领域，更是一种"美的艺术哲学"。

在视错觉艺术领域内，以荷兰最著名的视错觉艺术大师、"图形艺术家"莫里茨·柯内里斯·埃舍尔（Maurits Cornelis Escher, 1898—1972）为最具代表性的人物，其很多经典作品为世人所知晓，并在"空间几何学"与"空间逻辑学"领域取得不俗的成绩。错觉（幻觉）既是艺术产生的条件，也是艺术追求的终极目的。肯尼思·克拉克曾说："艺术作品不是镜子，但它们与镜子一样具有不可捉摸的变换形象的魔力。这种魔力是无法诉诸语言的。"视错觉艺术正是以这种独具魅力和魔幻的形式吸引着我们。

视错觉，简单来讲就是当人观察物体时，基于经验主义或不当的参照形成的错误的判断和感知。比如，不同的颜色给人以不同的扩张收缩感，会使人或者动物形成错误的判断和感知，这就是视错觉。利用视错觉原理创作的艺术作品及各种形式，都可称为视错觉艺术。

视错觉艺术以各种图形设计的形式存在，具体类型有语境错视、动幻错视、光影错视、角度错视、暧昧图形、空间错视（矛盾空间）、维构图形等。

一、语境错视

语境错视是指利用周围环境对物体的影响，视觉错误引导应到产生的视错觉形式。如图1，这些线条看起来是不平行的，实际上是平行线，受画面中的黑色方块的视觉引导（错落摆放），产生了不平行错觉；图2中处于同一水平线的双眼令人感觉是左低右高，产生错觉的主要原因是两个负形的白色圆位置的高低不同，从而引导"双眼"不在同一水平的不共线错觉；安德森的蒙德里恩幻觉，画面中的灰色条纹都是一致的，作者修改的同时进行了对比，并加上了透明的水平条纹，导致我们看到的灰色深浅不同，这是周围明暗对比不同、完形心理不同等造成的明暗幻觉。还有较有代表的"庞泽幻觉"，在同一水平的圆受到周围折线的影响，看起来高低不同。语境错视主要包含语长短错觉、大小错觉、不平行错觉、不共线错觉、色彩错觉、明暗错觉等类型。

图 1　不平行错觉

图 2　不在同一水平的左右眼

二、角度错视

角度错视是指利用空间在某一特定视角产生特殊角度错位与结合的错视形式。如图3的双体女士，在这幅未经改动的照片中，头是和右边身子相连的。照片是从非常特殊的角度拍摄的，因为只有一个头能看得见而且看起来是和两个不同的身子相连，所以会产生这种幻觉。人类的视力经常会设想我们并没有看到那些偶然产生的非真实知觉的客体，这种假想被称为"一般观点"原则。

图3 双体女士

三、动幻错觉

动幻错觉是指利用平面中的曲线引导、视觉肌理等形式形成三维、富有动感的视错觉图形。如图4的"弗雷泽螺旋"，是最有影响的幻觉图形之一。1906年，由英国心理学家詹姆斯·弗雷泽创作。我们所看到的好像是一个螺旋,其实它是一系列完好的同心圆。每一个小圆的"缠绕感"通过大圆传递出去并产生了螺旋效应。遮住插图的一半,幻觉将不再起作用。困难之处在于,在同一时刻看出所有的东西,我们意识不到如此的多义性,而只能意识到多样的解释。正是通过这种"转换"的活动,我们才能认识到在同一轮廓中可以投射进去不同的形状。

图4　弗雷泽螺旋

四、阴影幻觉

阴影幻觉是指利用光影原理与人们的视觉经验形成错视形式。如图5,在正常情况下,光从上方照下来,第一排的影子和解释是一致的,长方块是凸起的。当你把图片颠倒过来(见图6),视觉系统就会受到光的方向限制的影响,现在我们设想这些段在下降而不是上升,那么面积大的长方形看起来就是凹陷的。

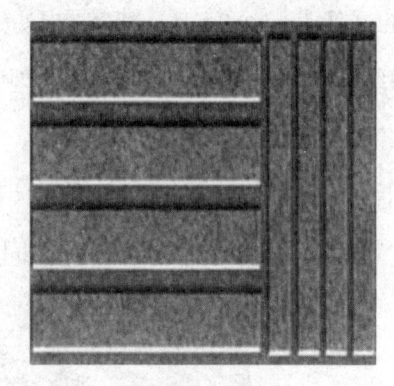

图 5　凸起效果　　　　　图 6　凹陷效果

五、维构图形

维构图形是指在平面上，通常借用二维与三维构成错视原理，以各种色彩、明暗、透视、分离、相接、盖叠、透叠、联合、减缺、差叠、重合等组合关系，将多种空间形态并存，产生多维并存的怪诞形象，它既是不合常理的，又是富有情趣的。

在埃舍尔创作的版画《爬虫》（*reptiles*）（见图 7）中，状似蜥蜴的爬虫爬出平面拼图，登上精装书，行过三角尺，跃上十二面体，胜利地朝天喷气，转上钢杯，"疲倦但满足地回到对称的平面世界里"（艾舍尔语）。二维与三维的空间状态并存，既怪诞又充满情趣。

图 7　爬虫

埃舍尔的许多版画都源于悖论、幻觉和双重意义，让那些不可能同时在场者同时在场，利用逻辑和高超的画技，将一个极具魅力的"不可能世界"立体地呈现在人们面前。他创作的《画手》《凸与凹》《圆极限》等许多作品都堪称经典。正如《魔镜——埃舍尔的不可能世界》的中文译者、北京大学哲学系田松说:"埃舍尔其实是一位思想家,只不过他的作品不是付诸语言,而是形诸绘画。他的每一幅作品,都是他思想探索的一个总结和记录。"

六、暧昧图形

暧昧图形,即采用的图形在同一的形象中可以拥有两种不同的感受,这样的图形在自身矛盾之中形成的空间情景称为暧昧的空间。如图8,由于视觉中心的不同,我们会看到图中有少女与老太太两个形象,二者相互依存。贺加斯,"错误透视"效果的伟大经验论者,用清晰的语言揭示了他称之为"隐退的阴影"的东西:"它具有同会聚线相同的作用,标明了物体从我们的眼睛退隐、退回了多少……缺乏阴影,眼睛受骗……平面的物体成为立体的。"

图8 少女与老太太

七、矛盾空间

矛盾空间指利用平面的局限性以及视错觉，在二次元的画面上形成的空间形式，在三次元的实际空间中却无法存在。有时故意违背同时规律，有意制造矛盾空间。这种形态由于在二次元的画面上具有特殊的立体感，存在不合理性，所以极富趣味感。

图 9 是美国魔术师杰瑞·安德鲁斯发明的"疯狂的板条箱"，实质是利用我们眼睛的局限性和视错觉。

图 9 疯狂的板条箱

艺术家朱利安·比弗，常为行为艺术家和公司画壁画，他虽以绘制壁画和复制一些大师作品为主，却以街头粉笔立体绘画闻名。他在英国、比利时、法国等地工作。图 10 是艺术家在地面上绘制的与自己身高相仿、非常逼真的可乐瓶，是在二维基础上绘制的三维物象，可以在特定的视角表现出足以以假乱真的"物像"和"矛盾空间"。

图10 地面上的"可乐瓶"

八、结语

俗话说"眼见为实",实际上,你看见的东西并不一定存在,而是你的大脑认为它存在。感觉是感觉器官对客观事物的个别属性的反应,知觉是人脑对客观事物整体的反映。这种视知觉与真实的客观世界是有一定的偏差的。在很多情况下,它确实与视觉世界的特性相符合,但在另一些情况下,盲目的"相信"可能会导致错误。希尔德·布兰德讲过:"假如尝试着分析一下我们的精神影像并进而发现它们的原始成分,我们就会发现,它们是由视觉和触觉及运动的记忆等提供的感觉材料构成的。"即我们的意识包括幻觉,实际上源于我们的视觉、触觉和感觉。

"视错觉"艺术与真实空间里的形态相悖,是在二维的幻觉空间里表现那些在三维的真实空间中不可能出现的某些幻觉形象,因而它通常会给受众以新奇的感受。这种图形形式所表达的不是自然的真实，而是视觉艺术的真实。从视觉到知觉，从经验到判断，从一般到个别，从不合理到合理，正是这种客观与主观的存在、真实与幻觉的反差，在艺术与信息传达设计活动及作品中表现出独特性，更能引起观众的注意与关注。

"视错觉"艺术，是视觉的巅峰表现，幻觉的奇趣之美。

参考文献：

[1] E.H.贡布里希.艺术与错觉［M］.林夕，等译.长沙：湖南科学技术出版社，2000.

[2] 卡拉赫，瑟斯顿.错觉和视觉美术［M］.方振兴，译.上海：上海人民美术出版社，1986.

[3] 鲁道夫·阿恩海姆.视觉思维——审美直觉心理学［M］.腾守尧，译.北京：光明日报出版社，1986.

[4] J.J.德卢西奥-迈耶.视觉美学［M］.李玮，周水涛，译.上海：上海人民美术出版社，1990.

［原文刊发于《艺术与设计（理论）》，2013年第2期］

第六节　平面之上，创意之外
——平面广告设计中的"视错觉"艺术

随着"创意文化"在全球的不断蔓延，国内兴起的"创意产业"

热潮发展也如火如荼。广告是文化创意产业的重要组成部分,更是企业营销的重要手段。广告设计是广告创作的重要阶段,也是视觉传达的重要方式。成功的广告首先要能够吸引消费者的视觉注意,广告创意表现要求新立异。"视错觉"艺术作为一种新奇的设计表现手法,无疑为广告设计带来了新的空间。

一、"视错觉"艺术发展概述

视错觉,也被称为"错视",就是当人们观察物体时,基于经验主义或不当的参照、引导等形成的错误判断和感知。如不同颜色给人以不同的扩张收缩感;受环境的影响平行线条看起来不平行;富有动感的幻觉图形等。视觉艺术家在艺术作品中创造了视错觉(visual illusion)。

20世纪60年代,欧普艺术(op art)运动诞生,视错觉才被认可为一种艺术形式。欧普艺术又被称作"视觉效应艺术"或"光效应艺术",这种艺术起源于欧洲和美国。1964年,《时代》杂志赋予了它们"欧普艺术"这一术语。1965年,纽约现代美术馆举办了"眼睛的反应"(The Responsive Eye)展览会。欧普艺术家们探索视觉艺术与知觉心理之间的关系,如关于光亮、颜色和形状感知的幻觉。欧普艺术主要是通过绘画达到一种视觉的运动感和闪烁感,追求令人眩晕的视幻效果。欧普艺术作品以强烈的刺激性和新奇感,被广泛应用于当时欧美和日本的建筑装饰、家具设计、广告、服装等多种设计领域,在国际上产生了巨大影响。欧普艺术风格成为一种连接艺术和幻觉感知的桥梁。

在视错觉艺术领域,涌现出诸多艺术大师。最具代表性的是视错觉艺术鼻祖、荷兰著名的"图形艺术家"——莫里茨·柯内里斯·埃舍尔,他的许多经典作品都源于对矛盾空间、图地反转和契合演变的探索，充满了荒谬的美感与真实感。日本著名平面设计大师福田繁雄，其设计作品以"矛盾空间""图地反转"为艺术表现形式，形成极其鲜明的个人风格和独特的艺术魅力。拥有日本"当代错视大师"之称的北冈明佳为当代视错觉艺术的发展起到了推波助澜的作用，他不仅有独特的设计思想和独创性作品，还将范围扩展到心理学方面，并进行了系统的视错觉研究，出版了世界第一本研究错觉的书——《眼睛的诡计》。

"视错觉"艺术作为一种具有很强表现力的艺术表现形式，在平面广告设计领域展现了独特的视幻魅力和视觉张力。

二、"视错觉"艺术在平面广告设计中的应用

（一）角度错视的应用

角度错视是指利用空间在某一特定视角产生特殊角度错位与结合的视错觉形式。如图1这则大众保罗的平面广告，运用了空间视错原理，在特定角度将汽车与飞机结合，夸张地表现了保罗汽车拥有如飞机一样的、"比想象要大"的容纳空间。是 BIG RICKS 肉酱的平面广告，它利用汉堡与真实的牛在特殊视角实现视觉错位，突出"EAT BIG"产品的夸张效果，强调 BIG RICKS 肉酱原汁原味的新鲜与美味诉求。

这些是"角度错视"在平面广告设计中的典型应用，平面广告中的画面创意设计根据广告诉求需要，常常利用空间、物体在某一特定视角产生特殊角度错位的错视形式，进行元素打散、重构，达到充分表现产品特点的目的。

<<< 第三章 广告创意趋势解析

图1 保罗汽车"飞机篇"

(二) 矛盾空间的应用

矛盾空间指利用平面的局限性以及视错觉，在二次元的画面上形成的空间形式，在三次元的实际空间中却无法存在。图2是2007年获得戛纳平面类金奖的作品，该作品不仅创意独特，在美术执行与空间设计方面也堪称经典。一张厨房用的纸巾，看似随意的对折，而折痕在视觉上形成类似容器的新空间，通过摄影与电脑技术合成的向下流淌的食用油则"真实"印证了这一"空间"。既是平面，又是空间，利用矛盾空间，将该纸巾"超强吸附能力"的特点表现得淋漓尽致，创意自然、生动，既在情理之中，又在意料之外。

在平面广告设计中，基于创意策略与概念的需要，有时故意违背透视规律，有意制造矛盾空间。这种形态由于在二次元的画面上具有特殊的立体感，存在不合理性；在创意表现的主题与产品的特点方面，却有

121

着必然的合理性；既符合广告创意规律，又能打破常规，令人眼前一亮，所以极富趣味感。

图2 厨房专用纸广告

（三）暧昧图形的应用

暧昧图形，即采用的图形在同一形象中可以拥有两种不同的感受，这样的图形在自身矛盾之中形成的空间情景称为暧昧空间。如图3是一则酱油的平面广告，乍一看，是天高云淡下挺拔、悠然的"迎客松"，仔细看，其实是西兰花，文案也变为"迎客好轻松"，原来是这瓶酱油的品质所致。由于视觉重心与观察距离的不同，会看到"迎客松"与"西兰花"两个形象，加上文字的双关，二者相互依存。图4旅行箱广告，将衣物组合成"宠物狗"和"旅行箱"，表现出产品的大空间，更强调了拥有它，旅行中如同"牵着宠物狗"般的轻松心情和休闲心态。创意者也正是运用"一形多义""暧昧性"的视错觉艺术形式，令广告富有创意、颇具新鲜。

<<< 第三章　广告创意趋势解析

图3　酱油广告"迎客松"篇

图4　旅行箱广告"宠物狗篇"

　　平面广告设计中的暧昧图形，立足于两个物体之间外形的相似和内在的关联性，利用视觉重心与观察距离的不同，以此物表现彼物，从侧面传达出广告要表现的产品特点和利益点，再配以双关的文案，物与物间有较大的反差，构思巧妙，具有出乎意料的视觉效果。

123

（四）图底反转的应用

图底关系，有时也被称为正负形、反转现象或视觉双关原理。图5是京王百货设计的宣传海报，作品巧妙利用黑白、正负形成男女的腿，上下重复并置，黑色"底"上白色的女性的腿与白色"底"上黑色男性的腿，虚实互补，互生互存，创造出简洁而有趣的效果。"图"与"底"发生反转并彼此融合成一个整体，进而产生双重的意象，同时也赋予整个画面无限扩展的空间感。这种互生互存的图底关系，不仅可将主题与背景相互交融成为一个共同体，也会使整体画面具有包容性与双重性的合作关系，简洁的构图给人以视觉的冲击，让人在趣味中获得新的思维。这种正负形交错的设计手法，是平面广告设计惯用的造型方式。

（五）动幻错觉的应用

动幻错觉是指利用平面中的曲线引导、视觉肌理等形式形成三维和富有动感的视错觉图形。图6是保护野生动物的公益海报，起初我们看到的是富有动感、有些令人眩晕呈同心圆线构成的画面，当我们视觉集中于画面中央、来回移动视线并远离画面时，一头"野象"若隐若现地出现在眼前，"它们正在你的眼前慢慢消失"的文案一语中的，创意者利用了同心圆线产生的视幻错觉，通过颜色略微加深将大象形象巧妙地嵌入其中，在观者与物象之间营造了一种视幻、独特、动态的体验，将"保护野生动物"的公益主题生动地呈现了出来。

<<< 第三章 广告创意趋势解析

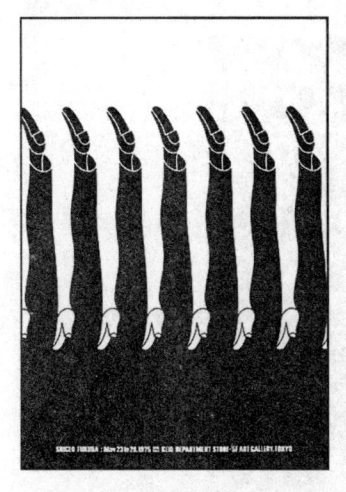

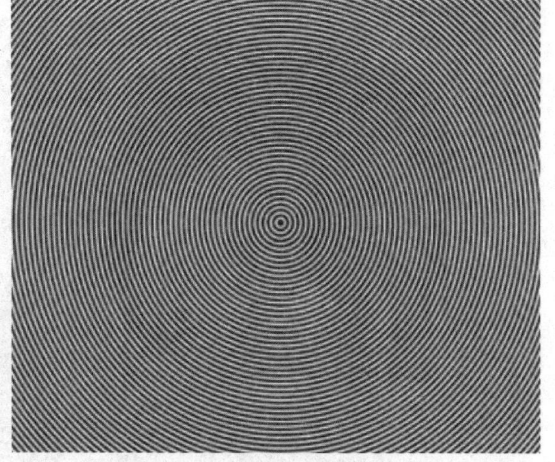

图5 京王百货宣传海报　　图6 "消失的野象"公益广告

图7斯巴鲁汽车平面广告，直接将"运动"的静态幻觉图形——"旋转蛇"作为视觉画面，当我们的视线集中于其中任何一个圆的中心时，其他圆都会旋转（特别是象征车轮的四个大圆），视觉动幻效果与"无论何种路面，四轮驱动滚滚不停"的广告主题诉求相得益彰，利用幻觉图形将斯巴鲁汽车四轮驱动的产品核心利益表达得淋漓尽致。"旋转蛇"是北冈明佳创作的代表性视错觉图形，属于漩涡运动错觉。"旋转蛇"利用了周边视觉效应，图案中片段明亮程度的渐变性导致周边视觉感知动向只源于一个方向，图案圆形的边缘也加强了这个幻觉。快速眼动是导致产生图像移动幻觉的主要原因，由于产生移动幻觉不是持续性的，通常在人脑被欺骗之前，人们就会眨眼或者快速移动眼睛，而自己并没意识到。反之，眯着眼、眼睛不动的时候，就不会产生图像发生移动的幻觉。幻觉通过视觉皮层的倒置过程激发了大脑的活动。

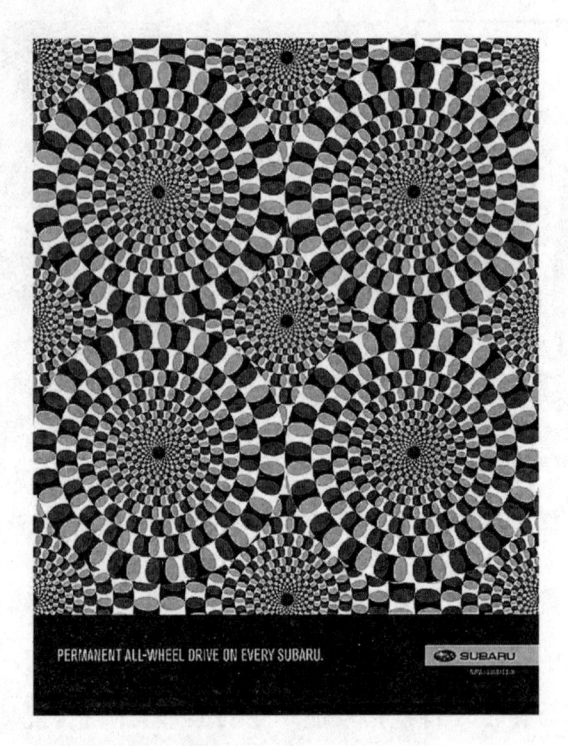

图7 斯巴鲁汽车

三、结语

平面广告画面中的空间形式是人的视觉感受,它具有平面性、幻觉性和矛盾性。平面性,即本质上是平面的;幻觉性,指利用人的视觉幻觉感受;矛盾性,三度空间是二度空间的错觉。"视错觉"艺术的不确定性与幻觉性为平面广告设计带来无限的创意与表现空间。这种信息传达的设计形式所表达的不是自然的真实,而是将传达的商业信息或公益主题与画面环境巧妙融合,带来一场无与伦比、亦动亦静、精彩的视觉盛宴。平面广告设计中"视错觉"艺术,将受众的经验、新的体验与品牌传达的讯息以及公益倡导完美融合,以独有的魅力和魔幻的形式吸引着我们，也为广告的创作提供了更多突破和创新的可能。

平面之上，创意之外。这就是平面广告设计中"视错觉"艺术的魅力所在。

参考文献：

［1］卡拉赫，瑟斯顿. 错觉和视觉美术［M］. 方振兴，译. 上海：上海人民美术出版社，1986.

［2］鲁道夫·阿恩海姆. 视觉思维——审美直觉心理学［M］. 腾守尧，译. 北京：光明日报出版社，1986.

［3］王世龙. 视觉之巅，幻觉之美——浅析"视错觉"艺术的图形设计语言［J］. 艺术与设计，2013，2（1/2）：46-48.

［原文刊发于《艺术与设计（理论）》，2013年第3期］

第四章

品牌营销与传播案例
——老虎滩：神奇和欢乐海洋

一、老虎滩营销组诊断及品牌营销传播战略框架制定

大连老虎滩海洋公园，坐落于大连南部海滨的中部，占地面积118万平方米，是集展示、观光、娱乐、科普、购物、文化于一体的现代化海洋主题公园，国家首批5A级旅游景区，国内首个极地科普教育基地，其中的极地馆被吉尼斯认证为世界最大的极地馆。

（一）面临的市场问题

旅游行业竞争加剧，迪士尼等主题乐园项目陆续落户中国，国内中小规模的主题乐园相继开业，同质化现象严重；国际经济形势不断变化，国内新型流行性疾病的发生等都可能对旅游行业产生影响。受政策影响，公务旅游与商务旅游消费减缓；传统旅游业受到休闲游、自驾游、自由行等新兴旅游形式的冲击；大连同城竞争对手产品升级改造，新的旅游项目不断增加，竞争异常激烈；科技的发展，对主题公园管理数字化、智能化、体验化的要求不断提高，目前本项目的智慧旅游景区建设尚处于初级阶段；在品牌传播方面的主要压力来自同城竞争对手的长期整合传播和数字智慧营销。

（二）机会

2013年十二届全国人大二次会议通过了《中华人民共和国旅游法》；国家对旅游业的大力支持，使旅游业成为热点产业的投资领域；2014年被中华人民共和国国家旅游局确定为"中国智慧旅游年"，大连市启动建设"智慧旅游城市"，助推"智慧景区"的发展；自驾游、房车旅游、海洋旅游等旅游新兴业态和新产品不断出现。

（三）老虎滩品牌营销诊断

经过前期大量的市场调研，从产品、形象、视觉、消费者、商誉、渠道、传播七大方面进行了全方位营销诊断和分析。

从产品上看，老虎滩面积大，场馆多，动物种类多，产品系列较全，独特性不够鲜明；从品牌形象上看，实在，有消费利益，形象较为刻板和老化，品牌定位不明确；从视觉上看，LOGO色彩过于深沉，缺乏现代感和亲和力，品牌色彩体系不统一，广告缺乏与消费者的深度沟通；从消费者上看，与消费者没有建立紧密的情感联系，消费体验后的忠诚度较高，目前亲子游消费者所占的比重较高，科普性强；从渠道上看，除传统旅行社、出租车公司、公园自身外，直销、网络及其他渠道建设还有待拓展；从商誉上看，公园多年来参与公益类或其他社会活动较多，积累较厚，需加强对外传播。从传播上看，其方式单一、分散、短期，数字与互动营销需要加强，传播到销售的转化有待提升。

（四）老虎滩核心优势提炼

通过调查和走访，我们梳理了老虎滩品牌的核心优势：吉尼斯认证的世界最大的极地动物馆、中国水族馆业的领军者、中国极地科考与科普的推动者、大连旅游业的重要贡献者、中国海洋旅游文化的重要开拓者、中国旅游风景区的重要典范（中国旅游知名品牌）、全球极地海洋公益环保的践行者、天然海域和人工创造的超大海洋主题公园、浪漫大连的城市背书。

（五）2015—2018年老虎滩品牌营销传播战略框架：三大战略+"六脉神剑"

没有市场的思考、战略的规划和战术的传播，品牌建设是乏力的，传播的本质是资源的抢占。基于市场竞争、品牌现状和消费者需求，以品牌形象化、传播生动化、沟通亲近化、营销智慧化为核心策略，我们为老虎滩制定了长期的品牌营销传播战略：三大战略+"六脉神剑"。

三大战略为："亮剑"+"猎鲨"+"登顶"；六脉神剑包括信、礼、义、仁、智、创。具体指基因再造的品牌之剑（信）、奇趣好玩的形象之剑（礼）、原生传奇的故事之剑（义）、让爱闪耀的公益之剑（仁）、数字互动的智慧之剑（智）、深度体验的创想之剑（创）。

在品牌升级方面，品牌重新定位与基因再造；品牌形象重塑与品牌故事传播；在传播升级方面，方位传播、整合、持续与数字智慧营销；在公益升级方面，持续推动公益行动与传播；在产品升级方面，提升产品竞争力和消费者体验；在渠道升级方面，渠道优化提升。

（六）数字智慧营销平台建设与营销

全方位、全渠道、全触点的营销模式；注重移动互联网时代的品牌营销，讲述品牌故事；以销售为导向，运用大数据，针对重点客源地的主要客群实施精准定向广告投放；依托官方自营（网站、微博、微信）及BAT、OTA平台，进行精准传播与在线销售引流；与知名企业品牌进行异业合作，提升品牌影响力与在线销售力；加强智慧旅游平台的销售渠道建设。

消费市场建议：一是巩固亲子游、家庭游市场；二是深耕细分市场：加大对大学生市场、情侣市场、出租车市场、本地企事业单位、中小学生团、老年团及本地淡季市场的开拓。

二、一部曲：老虎滩海洋公园品牌形象重塑（2015）

本次广告运动的目标是树立老虎滩差异化的品牌形象，重塑老虎滩行业第一的地位；吸引东北三省及周边省市消费者；提升老虎滩在大连的美誉度与忠诚度；渗透竞争对手的忠诚消费者；促进旺季销售，提升全年销量和客单价。

目标受众：一是东北及周边省市的"亲子游"；二是儿童（3~15岁），他们是主要消费者和重度消费者；三是中青年（25~45岁），他们一部分自己消费，大部分陪伴孩子（或陪同外地朋友消费）；四是妈妈，她们是主要诉求对象，是决策者和购买者。

（一）全年营销策略

"虎啸中国"四步：第一步，重振虎威——品牌定位与品牌形象重塑；第二步，虎啸风生——亲子游营销活动策划；第三步，虎胆雄心——公益环保活动策划；第四步，如虎添翼——全国大学生深度营销传播策划。

（二）品牌重新定位与视觉形象重塑

新的广告法的出台，限定词的禁用，使老虎滩原有品牌定位与Slogan——"大连旅游第一站"无法使用,虽然这句广告语在过去进行了广泛传播,形成了一定的消费认知,但本身与消费者利益无直接关联。新的时代,老虎滩品牌需要重新定位,基于老虎滩自身特点与带给游客的利益点,作者策划、提出"老虎滩:神奇和欢乐海洋"的品牌定位,并对其专有字体进行了视觉设计。围绕品牌核心价值,作者创作了"体验奇幻极地,畅游欢乐海洋"的传播 Slogan,本次传播 Slogan 与消费者容易产生共鸣,读起来朗朗上口,易于传播。除了解决品牌定位问题,品牌视觉形象老化、识别体系与竞品雷同尚待优化。从"品牌LOGO+品牌 Slogan+品牌 Color+品牌主视觉 Poster"四点进行创新与提升战略,以品牌传播的语言符号和图形符号进行突破。在品牌色彩识别规划方面,老虎滩原有的品牌色彩体系与竞品相近,作者规划了新的品牌色彩体系——海洋蓝、沙滩金、纯洁白,新的品牌色彩体系符合老虎滩及海洋公园的色彩联想,并与竞品进行有效区隔。

品牌 KV 主视觉海报设计,打破了原有仅展示海洋动物形象的设计理念,以品牌主要目标客群为切入点,以消费者体验为重点,融入动物形象,二者在形象和神态上自然融入,打造出"鲸妈""鹅爸""熊孩子"组成的"欢乐家庭"品牌人设形象。从产品诉求到消费者体验,从硬性推广到感性理性融合的沟通,从功能性宣传到消费者利益点融入,都极具亲和力和传播力。

(三)老虎滩产品策略、包装与形象推广

作者带领团队进行了产品竞争力分析、产品结构现状与层级架构、产品名称命名、产品卖点提炼、品名 ICON 设计、产品形象广告设计六大板块的策划设计。基于海洋主题公园的消费行为与心理趋势,进行场

<<< 第四章 品牌营销与传播案例

馆"形象化"、动物"明星化"、表演"娱乐化"、互动"生动化"、体验"幸福感"的提升策略；提出归纳景观、场馆、表演、新技术的老虎滩产品层级架构策略；提出3大奇观（技术与特色）、4大奇葩（表演秀）、6大奇馆的产品名称命名。

图1 品牌定位语的设计
（作者创作设计）

图2 品牌 Logo 优化设计
（作者创作设计）

图3 品牌标准字体设计
（作者创作设计）

133

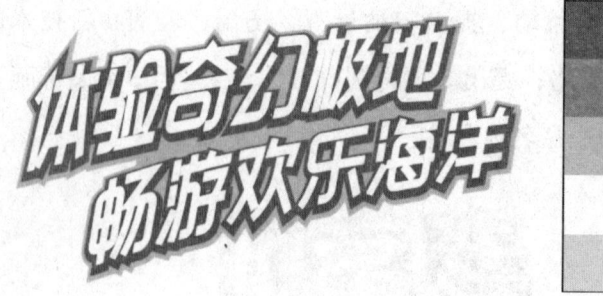

图4 品牌传播 Slogan 与品牌色彩规划设计
（作者创作设计）

图5 老虎滩系列形象广告设计
（作者创作设计）

图6 品名 ICON 设计
（作者创作设计）

<<< 第四章 品牌营销与传播案例

图 7 "欢乐家庭" KV 海报，作者创意设计

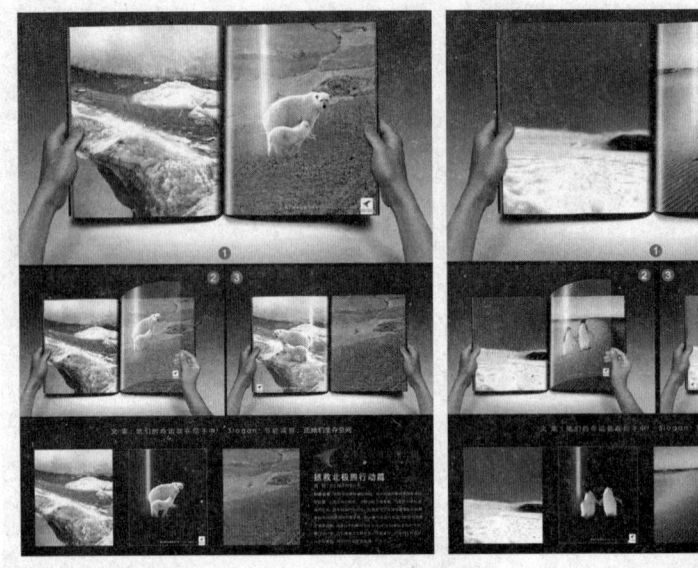

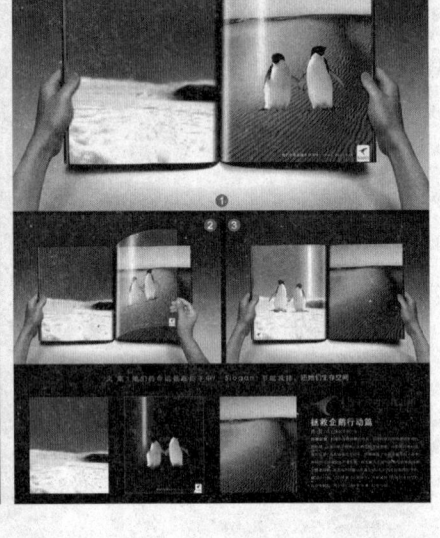

图 8　拯救北极熊公益广告
（作者创意设计）

2015年10月，大连老虎滩海洋公园获得"2015中国广告长城奖·广告主奖"之知名品牌奖，市场部负责人获得人物贡献奖。平面广告《拯救北极熊、企鹅公益广告片》获得中国广告长城奖铜奖，平面广告《老虎滩海洋公园——动物系列》获得中国公益广告黄河奖优秀奖。

三、二部曲：娱乐营销与数字营销玩转海洋主题公园

（一）"虎滩·嘻游记"：老虎滩2016年春节营销传播

2016年是农历猴年，虽然春节是旅游淡季，但通过造势吸引游客入园也是必须之举，我们提出了"虎年盛惠 嗨玩虎滩"的春节促销主题，"金猴＆萌娃免费游，100元嗨玩老虎滩"的促销政策。春节恰逢"猴年马月"，我们提炼创意概念"虎滩·嘻游记"，在KV设计上，将

136

<<< 第四章 品牌营销与传播案例

极地海洋动物"白鲸""北极熊""海豚""企鹅"与西游记中"唐僧""八戒""沙僧""悟空"的形象巧妙结合,并与真人版"齐天大圣"互动呼应,以"猴年马月游虎滩"剪纸为背景,"神奇虎滩 六重献礼"将虎滩特色产品表演和创意促销紧密结合,在春节上演了一部极具吸引力的极地海洋"嘻游记"。

图9 "虎滩·嘻游记"春节KV海设计

(作者创作设计)

(二)社交媒体悬念广告

在微博与微信先进行玩红包"周一见"的预热和概念引导,吸引受众广泛关注。猴年马月"吹红包"H5,借助"猴年马月"与大圣"吹猴毛变戏法",利用H5与量感技术设计制作用嘴"吹出红包",打破了春节"发红包"用"摇一摇"等常规营销,将技术、创意、热点与营销紧密结合,具有很强的创新性与体验性,以创意与低成本制作创

137

新海洋主题公园春节营销。

图10　社交媒体悬念广告玩红包"周一见"与猴年马月"吹红包"H5

（作者创意，腾讯制作）

（三）老虎滩借势电影的 Social 传播

电影《美人鱼》于 2016 年 2 月 8 日在中国内地、香港上映。该片讲述了富豪刘轩和为了拯救同族前往刺杀他的美人鱼珊珊相爱，谱写了一段人鱼爱情童话的故事。影片中有一段是在海昌海洋公园旗下的老虎滩拍摄完成的，这是一个千载难逢的传播机会，影片中的"美人鱼"故事与老虎滩的"美人鱼"传说有着诸多巧合。无敌富豪"刘轩"与勇敢青年"石槽"，两个"美人鱼"，人物之间的造型，影片中的人物姿势与虎滩雕塑，老虎滩"美人鱼光影秀"，这些相似与巧合通过微博、微信进行社会化传播，通过一系列巧妙借势，以"故事+人物+动物"为核心的Social传播，引起了广泛关注和热议。

图11 老虎滩"美人鱼的"Social传播

（作者创意设计）

品牌信仰：构建强势品牌的营销新论 >>>

图12 "女孩鲸奇篇"KV海报
（作者创意设计）

140

<<< 第四章　品牌营销与传播案例

图 13　老虎滩品牌广告
（作者创意设计）

（四）老虎滩微信朋友圈"破圈"广告

在夏季旅游旺季来临之际，如何借助微信这个极具传播价值的平台传播老虎滩，如何"破圈"？"这个夏日去哪儿玩，够 High 够爽？"文案点出很多游客心中的疑问，微笑极具治愈力的白鲸从画面中破屏而出，背景是老虎滩海洋公园极地馆，纸面特效与破屏的效果，让这个极具创新的旅游广告在朋友圈迅速"破圈"，并被广泛转发，曝光量高达336 万次。"浪漫大连游，神奇老虎滩"体现了大连城市特色与老虎滩品牌个性，老虎滩"神奇和欢乐海洋"的品牌定位与主张为越来越多的游客所认同。

141

图 14　老虎滩微信朋友圈广告
(作者创意设计)

(五)"老虎滩极地奇葩说"的社会化传播

在微博、微信、腾讯新闻、腾讯视频直播等社交直播平台,以段子、图片、视频等形式创造"老虎滩极地奇葩说"热点话题营销,"企鹅是长腿欧巴,是真的吗?""绝顶聪明高逆商的海豚宝宝是怎么睡觉的?""北极熊是左撇子吗?"等极具话题的海洋动物冷知识和有趣好玩的方式引爆了老虎滩的社会化营销,微博阅读量达186.6万。

图 15　#老虎滩极地奇葩说#社会化传播
(作者创意设计)

<<< 第四章 品牌营销与传播案例

  2016年10月，在第23届中国国际广告节上，海昌海洋公园品牌活动"海昌小小旅行家·一起'趣'赤道"，获得"2016中国广告长城奖·广告主奖"年度品牌塑造案例大奖。旗下大连老虎滩海洋公园有限公司总经理获得"2016中国广告长城奖·广告主奖"年度品牌创新人物奖项。

图16 获奖报道
（资料来源：新浪旅游微博）

图17 老虎滩海洋公园·极地馆15周年庆Logo
（作者设计）

143

图 18　老虎滩海报
（作者设计）

（六）基于 H5 技术开发的老虎滩 pc+wap 的网站建设

针对原有网站存在形式传统、偏重产品宣传、缺乏品牌形象塑造、亲和力不够等问题，进行全新设计，以塑造老虎滩数字品牌形象和加强销售力为核心，强化与消费者的互动和体验，并以最新的 H5 技术建构 pc+wap 双端网站。

图 19　老虎滩 pc+wap 的网站界面
（作者创意设计）

> 第四章 品牌营销与传播案例

图20 "反正很萌趣"KV海报，2019北京科睿创新节银奖
（作者创意设计）

四、三部曲：公益传播赋能海洋主题公园

老虎滩在公益传播与公益行动方面，连续多年举办"关爱海鸟 共享蔚蓝"的老虎滩海鸟保护节、的哥的姐欢乐节、"与星星同闪耀"的关注孤独症儿童月、小小航天迷圆梦航天城、斑海豹保护月公益科普活动、老虎滩斑海豹公益月等公益活动。在第24届中国国际广告节上，

145

老虎滩获得"2017中国广告长城奖·广告主奖"年度品牌塑造案例奖，荣获"2017中国公益广告黄河奖优秀奖"和"2017中国广告长城奖优秀奖"等多项大奖。并获得2017科睿国际创新节金奖、第11届北京国际广告节金奖等多项公益广告奖项。老虎滩长期以来借助自身的极地海洋动物资源，践行海洋公益科普主张，保护海洋、保护自然、保护人类，将公益、科普与环保相结合，以公益传播赋能海洋主题公园。

图21 "自酿苦水"公益装置，2017科睿国际创新节金奖
（作者与郑真真等创意设计）

经过品牌形象重塑、持续营销传播和公益行动与传播的长期品牌营销战略的规划与实施，老虎滩"神奇和欢乐海洋"的品牌定位为诸多游客所熟知，"欢乐、神奇、萌趣"成为其品牌个性，在游客心中建立了强大的品牌信仰，品牌知名度、美誉度和忠诚度显著提升，入园游客、客单价和销量也大幅提升，品牌建设工作卓见成效，老虎滩成为国内海洋主题公园的重要典范。

图22 "动物垃圾箱"户外公益广告，第11届北京国际广告节金奖
（作者与马玥等创意设计）

147

品牌信仰：构建强势品牌的营销新论　>>>

北京清欣QISHINE集团 VIS设计

图 23　北京清欣集团 VIS
（作者创意设计）

<<< 第四章 品牌营销与传播案例

联合国罗红环保基金Logo设计

吉列新车标设计（吉利全球征集新车标铜奖）

陇喜荟兰州牛肉面品牌识别设计

图 24 品牌 LOGO
（作者创意设计）

149

后 记

　　天空泛起鱼肚白，郁郁葱葱的生命之绿映进窗来，在这忙碌而美好的初夏清晨，《品牌信仰：构建强势品牌的营销新论》的撰写终于画上了句号，有一种如释重任的感觉。最终成书稿在万物至此长大的"立夏"和小得盈满的"小满"间完成，也算是一种巧合，小满即圆满。

　　于我而言，这是一件极有意义的事情。今年是我从事广告营销教学、研究与实践的第20年。知之非艰，行之维艰。10年前的"品牌信仰"理论雏形，推敲，时至今日结集成书。工作的繁忙、营销的变革、疫情的反复……每一个不曾起舞的日子，都是对生命的辜负。品牌即信仰，创意皆执念。书中除了营销理念，也涵盖了这些年来我在数字时代品牌传播、广告创意方面的趋势解读和观点，以及部分品牌营销案例。知行合一，是我一直以来坚持的信念。高山仰止，景行行止。虽不能至，心向往之。

　　最后，感谢我的良师益友——中国传媒大学肖虎教授、180广告雷少东先生和虚实之道的尹云从先生，感谢老师、兄长在百忙之中欣然作序；感谢丁俊杰教授、杨同庆教授、刘广飞主席、韩永林教授长期以来的帮助与倾情推荐；感谢陈培爱教授、陈刚教授、星亮教授、刘旭老师等成长之路上的前辈、师长和朋友们的指引和帮助；感谢父母和家人们的支持。因为诸位的支持和帮助，才有了我的不断成长和这本书的诞生，生命中的每一份美好，都值得加倍珍惜。道阻且长，行则将至。

王世龙

2022年5月